本书为云南省哲学社会科学创新团队
“云贵高原坝子社会文化研究”成果

云贵高原的“坝子社会”：历史人类学视野下的地域社会整合

寸云激　马健雄　主编

民族出版社

目 录

导言：山区与坝子的分异、整合与村落共同体的日常实践

马健雄[①]

在我国西南地区，云贵高原的地貌形态最为突出的特点就是“坝子”，即通常所说的山间盆地——仅占约 6% 的国土面积，方言均习称这样的山间平地为“坝子”。在云南，面积在 50—100 平方千米的大型坝子共 42 个，其中包括昆明、大理、曲靖、昭鲁、蒙自、楚雄、丽江、景洪、保山、腾冲等。[②] 这些坝子都是云南各地的城市发展中心、交通枢纽和水稻农业基地，坝子中人口密集，像昆明、大理这样的坝子更是西南边疆历史上的区域政治文化中心。历史上，西南山区及中南半岛北部也曾以另外一些概念来描述今天所指的坝子，如“川”“赕”“甸”等，例如，云南邓川坝子，南诏时期就称为“邓赕”，泰国北部的清迈平原，在中文文献中称为“八百大甸”。在今天看来，规模化灌溉农业的发展是“坝子”最重要的历史条件，因而坝子具备了比山坡与河谷更高的人口承载能力；在社会经济层面，坝子往往成为区域性的政治中心，城镇、周期性的集市也多集中于坝子中。从地理联系来看，由坝子连成的网络成为云贵高原与高地东

---

① 马健雄，香港科技大学人文学部教授，博士。

② 童绍玉、陈永森：《云南坝子研究》，2 页，昆明，云南大学出版社，2007。

南亚的交通体系的枢纽，因此，以“坝子”为出发点展开研究具有重要意义。

长期以来，笔者试图从当地人群的社会关系和文化观念的角度来理解“坝子”的涵义并以“坝子”地理空间及其所连接的社会关系与文化意义为切入点，探究多山环境下中国西南边疆及东南亚山区社会的某些显著特性。这样的出发点，便于笔者从当地视角和地方文化的理解入手，来研究以坝子及周围山区及其所辐射的交通网络所构成的社会整体为中心的社会历史过程，进而理解和解释地方民众如何建立起以自己社群为中心的社会文化空间以及更为广大的相关社会经济网络。简言之，笔者试图从国家体制、农业经济、宗教、交通以及与“文明”和“开发”有关的地方文化诠释入手，来探究历史上西南边疆的建构过程和地方民众对于“中心”与“边缘”的诠释。① 基于“坝子作为一种社会共同体”的理解，笔者将讨论的重点，集中到明清以来的道路与交通网络，远距离贸易中物与人的流动，赋税与府、州、县官府的运作，边疆土司的朝贡与土司体制，坝区灌溉体系与村落共同体的建构，山区与坝区的社会差异与整合，仪式的重构，地方精英的作为与社会能动性的发展等不同面向的具体问题，集中揭示地方社会的历史过程和文化流变，在历史脉络中检讨当地文化与社群关系的整合、离散与流动的原因与方式，以此回应长期以来在学术界影响广泛的对施坚雅模式的讨论、流行于东南亚研究中的“高地”与“低地”二

① 马健雄：《地理生态、国家政治与山区、坝子分异下的社会整合与离散（代前言）》，见赵敏、廖迪生主编：《云贵高原的坝子社会：历史人类学视野下的西南边疆》，1—18页，昆明，云南大学出版社，2015。

元论分析模式、纪若诚提出的“永久性边疆”的概念，乃至地方文化景观与国家想象的建构等与西南和高地东南亚研究相关的理论问题。

2010年初，在香港科技大学华南研究中心与大理大学民族文化研究院同仁的共同努力下，组成了“云贵高原的坝子社会”研究团队（简称“研究团队”），团队参与了由科大卫、刘志伟、廖迪生三位教授主持的“香港特别行政区大学教育资助委员会卓越学科领域计划（第五轮）：中国社会的历史人类学”大型研究项目。来自大理大学、香港科技大学、云南民族大学、云南师范大学、昆明理工大学等各高校的同仁分工协作，共同努力，先后出版了两部由云南大学出版社出版、由赵敏和廖迪生主编的《云贵高原的“坝子社会”：历史人类学视野下的西南边疆》和《云贵高原的“坝子社会”：道路、资源与仪式诠释》两部研究文集。此外，在项目主持人科大卫教授的支持下，研究团队每年都组织主题性田野考察并举办学术会议，大家互相砥砺，不断推进团队研究。2019年，大理大学民族研究院与香港科大华南研究中学合作成立“云贵高原坝子社会研究中心”，秉承前一阶段的合作精神，继续深入推进研究团队的探索和研究，本书的七个章节，就是团队成员的最新研究成果汇集。

作为长期的团队合作研究，研究团队致力于从理解地方社会情境中的历史与文化入手，将史料研究和人类学田野调查相结合，立足于从文化建构的历史脉络来理解和解释地方社会的文化逻辑及与之关联的区域性联系与国家体制的变迁，探索社会能动性在西南边疆社会的发展与展现的方式和特征。基于这样的观照，研究团队希望通过方法论上的探索，寻找新的研究路向、提出新的问题，突破长期以来限制了团队的思考和视野的民族史论述范式，也需要将以往研究中常常被忽略的地方理解和地方视角重新置于宏观的历史与文化建构过程中来考察。其次，当研究团队将“坝子”作为地方性的观念体系来检讨地方宇宙图式的建立及其相关历史背景之时，也期望能够突破研究视野和材料的局限，从与日常生活关系密切的知识、经验出发，结合对各类公私文档的辨析，建立起考察社会变迁和文化创造的地方视角。第三，研究团队谈论“坝子”社会的时候，也在尝试建立一种综合性的讨论框架，将空间、地理生态和人群生活置于共同体的历史动态中来考察，建立一种全观性、整体性的历史人类学观察视角。因此，力求通过团队合作来积累经验和知识，将历史文献与田野调查材料相结合，将它们视为社会变迁和地方空间中的文本创造过程的产物、将日常生活置于生活环境与动态的时空关系中，理解和解释社会变革与文化创造的问题，从仪式、国家体制与地方人群在社会生活中的联结等具体指向来展开深入的观察和讨论。

总体而言，研究团队认为“坝子社会”将坝子与河谷山区联结为社会性的整体，长期以来，不同社群互有差别又相互依存，他们之间的互动呈现为社会文化中的整合与离散的辩证关系。以坝子中的城镇和市场为枢纽，道路交通网络依据大尺度的地理空间联系构成网络性的整体，将跨越区域的市场与社会共同体连接起来，跨越了种种宗教、语言、生态和经济关系的限制。例如，依赖于远距离马帮运输的交通线，不同类型的社群相互合作，明清时期西南边疆的地域社会和不同的社群之间，就能够通过八莫与叙州或镇远之间的交通运输体系将伊洛瓦底江流域与长江流域之间的市场联结起来，人流与物流也需要依赖于这样的网络来发展其社会政治的能动力。但是，总体上，国家体制在其中起到规范、维持的基础性作用，这种作用远远超出了本地市场的范围，也将不同的地方性宇宙图式所构想的空间联结为多层次的、更加复杂的整体性网络。作为长期性团队合作研究的最新成果，在《云贵高原的“坝子社会”：历史人类学视野下的地域社会整合》中，就历史面向而言，我们重点讨论了明清时期坝子社会交通网络的发展与社会文化联结以及地域社会整合的诸多条件、过程与国家体制转变带来的长久影响，例如，山区与坝区、土司与州县以及社群共同体的发展；就地域社会与文化的面向而言，讨论了前述的历史过程与社会变化对今天我们所熟知的地域文化、族群身份的建构的历史性影响，以及具体的社群日常生活的基本面貌。

一、坝子与山区的社会分异与整合

“坝子社会”的研究视角和切入点是以坝子、山区河谷的地理生态条件下社会文化的历史建构为核心，讨论作为区域社会的西南边疆发展变化的一些基本条件和地域文化变迁的轨迹，在历史动态中审视社群边界的建构与日常实践的规范与文化诠释。在复杂的山区与边疆地理条件下，基于盆地坝子与周围绵延群山和蜿蜒河谷的环境差异，坝子与山区之间最基本的社会文化差异，是农业生产与生计经济方式之间的差异。基于这样的条件，坝子和山区河谷的社群关系的发展，首先受制于这样的环境与社会经济条件。

在坝子中，由于土地平衍，基于优越的水利灌溉条件和水利管理社会机制，居住在坝子中的社群逐渐建立和发展起一套与灌溉水稻农业相适应的地方性文化和基层组织机制。坝子中沟埂相连，村落密集，人口众多，地方性的市场和交通要道都汇集到坝子中的城镇核心中。坝子中的村落集体依据完备的农田水利设施和完善的管理措施来控制和分配水利资源，各大坝子成为我国西南边疆许多地区的社会政治的中心，这是一个十分漫长的历史过程，坝子中的灌溉农业体系和社会文化的发展可以追溯到千年之前，坝子水利因此成为社会变迁的中心性问题，在此之前出版的两本坝子社会研究文集中已有不少篇幅在探索坝子社会的水利、地域性节庆和社群整合的问题，这方面的研究还需要继续推进。

在广袤的山区，能够将沿河谷山涧和崎岖山路分散居住的山区居民整合起来的社会经济机制，与坝区村落所凭据的水稻农业与水利灌溉体系大相径庭。我们可以看到，在坝子平地之外的广袤山区，历史上社会的整合的主要方式，首先是围绕着交通道路网络的发展而实现的河谷区域的社会整合，在本书中赵敏讨论的云龙段氏土司的例子就属于这一类型。云龙段氏土司掌控的云龙各盐井至独龙江流域山区之间的交通网络成为这一带山区社会整合的基本框架，基于土司政治体制和交通贸易体制，这样的山区社会网络形态从整体上将西南边疆和东南亚山区社会连接成为更大范围的跨区域社会经济体系，此外如马健雄在《云贵高原的“坝子”社会：历史人类学视野下的西南边疆》一书中讨论的以坝子中的城镇和村落为枢纽发展起来的马帮交通网络，就为这样的社会经济网络提供了交通服务的基础性支撑；其次，山区社会基于交通网络发展起来的社群关系纽带和宗教仪式上的联系，也为长期的地域性政治经济整合提供了基础性的条件，例如基于山区资源的贸易流动所建立发展起来的山区社会文化共同体，就是基于马帮贸易、宗教仪式联盟、地域性政治保障体制发展起来的大型社会网络体系。明清时期围绕着云南西部的云龙各盐井、中部山区的白盐井、黑井、琅盐井，南部的威远江河谷各大盐井等山区产盐区而发展起来的交通贸易体系，就是一个将山区资源与国家税赋体制与各地市场联结起来的一个例子，清代随着山区经济的兴盛，围绕着各地深山中的银矿、铜矿以云南中南部的各大茶山等基于山区资源而建立发展起来的交通物流体系，也成为整合不同地域的山区和坝区社群的重要基础性社会网络机制。

山区资源的开发和跨区域交通物流体系成为国家财政体制运作的一个基本条件，明清时期山区资源的开发与交通运输网络的发展与国家体制下的盐政、矿政密切关联。就这一层面而言，山区资源的开发控制又涉及更为广泛的国家体制和边疆政治对于山区社群的控制和影响，尤其是对山区社群之间的相互关系及其连接坝区市场的不同渠道的形塑与规限。在这样的条件下，国家和地方政治体制对于交通网络和山区资源的管理和控制的方式，就深入影响和塑造了山区社群与坝区社群之间的关系和山区社会的文化整合的方式。从这一角度看来，山区资源整体上在国家财政中的重要性，并不亚于来自坝区农业的税收。也就是说，就山区社群与坝区社群总体上的政治经济角色来说，他们在国家体制中并非相互对立、互不关联。西南边疆的山区社群与地域社会的整合，离不开各自在国家体系和边疆政治地理中所处的地理位置与政治地位，在研究团队的前期研究中，赵敏、黄彩文、王丽梅等人的文章就曾深入讨论了这个问题。

在这样的社会历史框架下，在本书中唐立提出了一个问题：为何明朝廷在云南设置卫所和土司体制、建立府州县制度多年，却依然对聚集在铁索箐的反叛力量长期束手无策？唐立就明代的铁索箐和清初的鲁魁山的案例提出了“内边”的问题，认为云南山区世居居民的反抗势力的发展，经历了由明到暗、由激烈抵抗到不断反复并最终覆灭的过程。明初，元朝残余势力与地方豪强聚集在佛光寨抵抗明朝军队最终失败，随后，这样的抵抗势力逐渐转移到铁索箐中，形成后来“冲天铁面十大王”组织动员数十个部族不断骚扰赵州、姚安、宾川州、北胜州等地的局面。在地方文献中可以看到，聚集在铁索箐对抗明廷的政治势力，与明朝时期的武定土司、蒙化土司等各地土司暗通款曲，因此明朝军队始终无法有效扑灭铁索箐的反叛力量，直到万历初年（1573），明朝军队假装调兵平定哀牢山区的反叛势力，出其不意包围了铁索箐，隔断了铁索箐与周围土司的联系，终于清除了铁索箐势力。长期以来，铁索箐的政治势力凭借对铁索箐边缘白盐井和销盐道路的直接和间接控制，获得了联合土司与明廷持久抗衡的政治和经济资源。

对于山区居民主动隔离于坝子的逃离国家的假定，铁索箐的例子正好相反，聚集在铁索箐中的政治首领们建立了以“冲天铁面十大王”为首的模拟国家的政治组织，他们与周围各土司暗中配合，形成了一种整体性的与明朝云南官府长期对抗、拉锯的政治力量，控制了山区资源、长期干扰了交通干道的顺利运作。在很大程度上，我们可以将铁索箐的政治势力视为一种独特的地方势力与明朝国家体制“对话”的政治语言。显而易见，明代长期以来在云南中部的一泡江河谷聚集的山区居民所实践的，并非主动隔离于坝子以逃离国家的非中心性社会与文化。

二、明清时期的土司体制、交通网络与族群身份的建构

本书前四篇重点讨论明初以来云南中西部坝子与山区总体上社会面貌的改变，以及土司与卫所及府州县体制之间的关系变化。各章分别以云龙段氏、永北高氏、蒙化左氏等各土司管辖的区域为中心，检视不同条件下当地社会变化及地方族群关系的发展。在这些讨论中，可以将铁索箐的反叛力量视为中心性的线索，各位作者围绕着位于姚安、永北、蒙化的各土司及其与铁索箐反叛者和国家体制之间的地域性关联展开讨论，剖析了云南西部各地与缅甸和四川之间交通沿线各地坝区和山区的社会政治格局的转变。可以看到，在滇缅交通线和滇川交通线沿线区域和相对隔绝的铁索箐河谷之间不同类型的山区与坝子之间，自明初以来逐渐形成的差异化国家体制，成为后来族群分异和地域社会整合的重要条件。

基于土司制度、对山区资源和道路交通体系的控制而发展起来的社会网络，赵敏、黄彩文、罗勇讨论的问题从不同侧面回应了唐立提出的问题。明朝二百年来，一直无法在像铁索箐这样的山区建立起能够直接控制当地社群的州县或土司体制，直至万历初年才最终消灭了长期聚集在铁索箐峡谷的反叛势力，铁索箐的反叛者们经过长期的政治动员和内部整合，逐渐形成了族群身份突显的力些（傈僳）群体；在这一历史过程中，蒙化左氏位居铁索箐西南，永北居于铁索箐之西北。铁索箐反叛者长期控制了各土司地区通往白盐井的交通线，威胁着定西岭、普淜一带云南西部交通干道的安全。与此同时，云龙段氏则控制着云龙各盐井通往独龙江流域山区的澜沧江、怒江各重要渡口和滇西与缅北之间的交通网络。从明代至清初的社会变化中可以清楚看到，以盐井为核心的重要山区资源，例如白

盐井、云龙五井及与之相联的山区与坝子之间的贸易市场和交通线，成为地方土司和山区反叛者能够长期控制或挟持的重要资源，也就是说，不同类型的地方势力对于交通能力的控制，极大地限制了国家体制在山区的深入。以明朝的铁索箐反叛者、永北高氏、云龙段氏、蒙化左氏之间的复杂关系来看，明廷之所以难以制服铁索箐的反叛者，整体而言意味着明朝乃至清朝中前期，云南各地的府、州、县官僚和地方官府长期依赖于地方土司在军事、经济和交通能力上的支持和配合。也就是说，明朝初年以来国家体制在山区与坝区的深入程度，一方面受制于对交通线总体上的控制能力；另一方面地方官府亦忌惮于控制着交通线或影响着交通安全的各地方土司。在这样的政治态势之下，经过长期政治动员的山区反叛者、各土司属下的土军或土司区域不同类型的山区和坝区社群，逐渐在不同情况下随着明清之间的国家体制的变化而成为不同类别的族群。因而，联系着山区与坝区之间的资源、交通和国家体制的差异以及地域社群之间的竞争，成为不同时期地域社会的重新整合与族群分异的历史条件。

在本书第二篇中，赵敏指出，明初以来，大理国王后裔段氏积极支持明廷，与五井盐课提举司共同管辖澜沧江、怒江河谷区域。段氏土司占据交通要津旧州坝子并控制了食盐贸易通道，将其统治势力逐渐延伸到独龙江河谷。段氏势力向缅北山区的扩展，一方面保障了缅北诸土司的朝贡安全，另一方面也维持了滇缅贸易的物资流通能够跨越高山深谷，将缅北、滇西与印度东北部联为区域贸易的整体网络。就云龙段氏势力的发展而言，澜沧江、怒江、独龙江流域通过交通网络的连接，实现了区域性的社会经济整合。这样的区域贸易整合突破了横断山区沿大河流域和河谷相互分割的纵向地域性社会差异，段氏土司借“析系分防”的地域性分支与交通网络配合，跨越“江内”与“江外”的地域局限，在其向西扩张的过程中，一方面为明朝和清朝提供了基础性的边疆交通保障，同时也长期、稳固地保障了独龙江流域与云龙盐井之间的贸易关系和基于三崇庙体系的宗教联系。也就是说，基于明清国家体制的政治基础，在云龙段氏土司的长期经营下，云南西部和东南亚北部山区之间跨越高山深谷之间连接坝子、市场和庙宇以及物资流动的网络，为区域社会联系和整合，提供了稳定的保障。

本书第三篇中，黄彩文回顾了滇西往北延伸到四川的交通体系的历史后指出，在大理国权臣高氏后裔控制的北胜土州即今永胜坝子为中心的区域，高氏与明朝设立的澜沧卫共同负责滇西北的军事与交通安全，官方的驿运系统也由高氏土军和卫所轮流值守。明朝后期卫所衰败，高氏土司再度崛起，高氏土军成为重要军事力量。明代正统时期，永北土司高氏就曾参与“三征麓川”军事征伐，嘉靖至万历时期，高氏参与了历次攻打铁索箐的战事，调兵前往莽甸、赤石崖、古底、螳螂等地与明朝官军一起包围铁索箐的军事行动，并参加征伐沅江等地的军事行动。万历十一年（1583）及万历十三年（1585），高氏土军还参与了明朝与缅甸洞吾王朝的战争。在铁索箐战事中，高聪更直接擒获了铁索箐的首领。从明至清的历次征缅战事中，永北高氏土军始终是其中的一支重要军事力量。长期以来，高氏土军不仅控制了云南北部通往四川的交通线，清初卫所与州县合并之后，高氏土军在滇川交界地区仍然占有特殊地位，直至清朝道光以后高氏逐渐没落，高氏土军也逐渐族群化，形成了今天的“他留人”。

研究团队近期探究的一个主要问题，是国家体制的变迁如何重塑了地方人群的社会与身份边界？在明清国家体制的模塑之下，“坝子社会”长期运作的制度性规范虽然促进了社会整合，国家体制的突变也成为促进社群关系族群化的一个重要因素，就如同“他留人”社群边界的产生过程，一些地方性族群身份的不断浮现，就是长期运作的社会政治体骤然转变的后果。

在第四篇中，作者罗勇通过蒙化府的案例指出，作为府卫并置的地区，明代蒙化土府为左氏控制，长期以来，蒙化府总体上维持着山区里甲编户与坝区屯田军户之间显著的制度差异。土司辖下的山区里甲与当地卫所军户之间在户籍和赋税负担上的差异，长期以来影响、塑造了当地社群之间的边界。随着清朝国家体制的转换和移民的深入，之前较为固定的地方社群关系因而趋于族群化，产生了“倮夷”、坝区“汉人”与山区“客家”的身份类别。这些地方性的身份类别不一定与坝区和山区的生态差异相对应，但是基于山区与坝区之间的社会差异，族群身份的历史动态显然还与国家体制和人口结构的变化密切相关，这些问题曾经让参与民族识别调查的民族学家们感到困惑，在20世纪50年代的民族识别时期，前辈学者除了找出语言文化的关联性之外，尚无法解释地方族群关系产生的原因和过程。①

作者唐立文中指出，明代长期存在的铁索箐反叛势力，表明以各种基于山区河谷的“内部边疆”的政治势力的存在。铁索箐的反叛力量以其

---

① 林耀华：《中国西南地区的民族识别》，4页；朱嘉品、刘尧汉等：《“土家”族（蒙化县）和“蒙化”族（景东县）识别小结》，24—27页，见本书编写组：《云南少数民族社会历史调查资料汇编（三）》，昆明，云南人民出版社，1987。

“内边”的政治阻力限制了地方精英所推行的社会改造，也增加了明朝利用土官来代理管制山区社会的难度。明廷在各坝子设立了大量卫所军户，他们虽然在维持交通沿线的各大坝子的社会政治秩序上起到重要作用，但是对于山区的政治控制影响能力依然非常有限。然而，这种情况到了清朝初期和中期随着山区矿业经济的发展和盐政的改革及通过“划卫归州”将卫所军户划归州县管辖，情况逐渐发生变化。明朝时期，国家体制与以坝子为中心的地域社会之间的关系，既有相互之间的配合、地方文化逐步改变的过程，同时整体上地方土司和对抗的力量也在逐步变化。到了清代，随着卫所制度的解除，地方社会的整合进一步推进，山区资源的开发愈加深入，社会面貌整体上发生了巨大改变。在这样的背景下，蒙化土府、北胜土州等各地坝子和山区社会开始进一步的区域整合。

三、水利、坝子与清代的社会整合

在本书的后续三篇中，研究的视角转移到坝子中，具体讨论清代以后的社会变化和当代坝区村落之间的仪式联盟、村落组织与亲属关系的问题。在第五篇中，薄艳艳以清末鹤庆坝子的水患和治水的例子，检讨了清末的国家体制与地方社群关系变化的具体过程。经过1856—1873年杜文秀起义期间的长期战争，即民间所称的咸同“红白旗”社会动乱之后，鹤庆坝子的社会整合能力遭到严重破坏，水利设施无法维护，农业生产大受影响。基层水利管理体制和坝区村落之间形成的水利管理联盟，也随着战后社会重组和因为大量农田被归属为“叛产”，社群关系面临重组。1877年，湘军首领朱洪章被任命为鹤丽镇总兵坐镇云南西北，朱洪章想尽办法治理鹤庆水患，竭力重整了鹤庆的士绅和地方势力，终于顺利完成了漾弓江的水利建设。作为代表官府的社会能动者，在清末社会动乱、清朝国家体制微弱的特殊历史时期和特殊政治条件下，朱洪章勉力重组鹤庆官绅关系，在一定程度上恢复、重建了地方社会管理和维护农田水利的政治经济能力。因为这样的成就，朱洪章被地方民众视为治水英雄而被纳入神谱，成为与赞陀崛多一样被鹤庆民众供奉的神灵。

就文章中描述的鹤庆民谚“水洞不塞，祖师不灭；水洞若塞，必有来人”，我们也可以理解为，在地方民众的宗教信仰中，水利本身就是与神迹联为一体的大事，那些能够建设水利、治理水患的人，就成为民众供奉的神灵。薄艳艳指出，就如鹤庆坝子的例子所见，坝子社会中的能够管理和维护水利体系的村落共同体的社会机制的存在是有条件的，在晚清的社会政治条件下，鹤庆坝子的村落联盟或水利共同体趋于解体，但是在强有力的社会能动者如朱洪章这样的政治人物的推动下，地域社会中的公共管理能力仍然可以重建、发展起来。

四、家、社群生活与共同体隐喻

坝子中的水稻农业和灌溉体系的管理，使得农业经济成为基于离散、分裂的基础上坝子中的社群关系得以重新整合的基础。在本书第六篇中，透过观察研究洱海东岸的节庆联盟的运作，廖迪生检视了坝子社会边缘性的村落共同体在不同社群之间如何达成文化与经济上的衔接整合的问题。在洱海东岸，依赖于水稻农业的村落之间以代表了灌溉水源的女神“三姊妹”为亲属关系的隐喻，将共享灌溉体系的村落连接为“接佛”巡游的节庆联盟；同时洱海沿岸依赖于水上交通的村落之间，也结成了另外一个“游花船”的节庆联盟。这两个节庆联盟之间，即位于山边与海边两类村落之间透过灵活的节庆安排，共同参与到两种类型的村落节庆中，由此建立起来的村落仪式联盟也因此能够跨越两个不同的神灵体系。由村庙所代表的海东村落联盟，在总体上扮演了坝子边缘的社会文化的联结点的角色，建立了洱海航运和马帮交通之间的联结点，将大理坝子和宾川、鸡足山、金沙江沿岸的经济社会关系联系起来。这样，海东坝子从山边到水边的村落节庆联盟所建立的跨越性文化机制，清楚呈现了“坝子社会”的边缘转接地区社群联盟的运作方式。在海东的例子中，地方民众以“三姐妹”的隐喻，将村落之间的联盟视为家庭与亲属关系的扩展。

在第七篇中，作者陆玲以洱源县凤羽坝子的白族亲属制度和家庭组织为例，讨论了为什么父系宗族没有成为当地的家庭和社群组织的亲属制度原则的问题。她指出，在凤羽关于“族”的亲属关系概念和日常实践中，基于不断的选择和排除的机制，核心亲属关系维持在三代的范围内。通过村落生活中的本主信仰的仪式，“家”的亲属关系又象征性地转化为“村”的社会关系，基于村落共同体的社群身份也随之呈现为“拜相同本主的就是一家人”的家庭伦理隐喻。实际上，以村落本主信仰连接的“一家人”观念，我们在前辑张云霞讨论的关于“绕三灵”仪式的家庭伦理隐喻中已经对于区域性仪式的地域整合有充分的认识。[①] 陆玲关于本主崇拜仪式及

① 张云霞：《“绕三灵”与大理坝子的社会建构——以“神都”为中心展开的讨论》，见赵敏、廖迪生：《云贵高原的“坝子社会”：道路、资源与仪式诠释》，84—114 页，昆明，云南大学出版社，2018。

亲属关系从“家”到“村”的转化与整合的研究，让我们看到了白族的宇宙观与家庭关系在不同层面的联接和表达的整体性。陆玲注意到，亲属和家庭关系需要在日常生活的实践中来确认，亲属群的范围可以用参与对方的家庭仪式例如葬礼、宴请的程度来确认。在“家”的范围内，“同吃”与否，成为父母与子女作为共同的经济单位的指标。

根据陆玲的观察，凤羽宝村的村民需要以单独经济单位的“家”的名义，到本主庙中请客，这样的宴会是以“代本主请客”的名义来宣示新生家庭关系的方式，家庭关系的生产和再生产，因而不仅被视为家庭事务，也视为本主和村落的事务。就本主庙在家庭关系中扮演的角色而言，在本主庙中举行的各类仪式也起到了确认家庭和亲属关系的“断裂”的重要作用，在这样的机制下，“家”的关系得以转化为“村”的关系，以“家”为核心的亲属群及姻亲关系，通常也需要在本主庙中重新确认，去世的先人则通过本主的转介完成“转世”，融入集体性的、不再单独被记忆的“祖先们”当中。在这样的条件下，信奉同一本主的不同家庭，就成为“一家人”，本主信仰成为村落共同体维持其集体身份认同的中心，在村落生活中，节庆和农业水利管理等超出家庭和亲属群的集体协作，都以本主的名义来达成。洱源凤羽的例子，从具体的社会机制的运作方式上，解释了从家庭、亲属关系到村落社群及坝子社会的仪式性集体联合的文化诠释与实践方式。

五、总结：走出“高地—低地”二元对立的理论困囿

经过十余年不懈的努力，由香港科技大学、大理大学、云南民族大学、

云南师范大学、大理白族文化研究所等学术单位的同仁们建立起来的合作团队一步步从无到有，从田野调查中持续观察讨论出发，通过设置阶段性的研究议题，逐渐将坝子社会的研究推向新的天地，大家从大理、凤仪、洱源、鹤庆、巍山、永胜、云龙、保山、腾冲等坝子和山区社群的研究中逐步拓展，向滇中、中缅边境、贵州、西江流域等区域发展，将团队所致力推动的研究问题和不断摸索实践、总结的历史人类学方法应用到不同的区域，在这个过程中，研究团队不断检讨研究中涉及的方法论和理论旨趣，竭力开拓新的方向和研究路径。

总体来说，笔者所强调和揭示的，是一种基于相对基层的历史文献和不同类型的研究材料及地域社会视角的研究立场，以田野研究与文献研究相结合的历史人类学方法，探讨地方文化的运作机制、地方社会的能动力和创造力的发展，以及文化与族群身份的建构环境及条件。从地方社群的认知理解出发，笔者的研究讨论更注重回应长期性、基础性的社会历史与文化解释层面的理论，建立理解西南边疆社会一体化和文化与自然生态的多样之间的对立统一关系的诸多理论问题。

施坚雅（G. William Skinner）认为，西南是中国整个市场体系的一部分，而且地方的市场层级分布，正好构成了地方行政体系的基础层。① “坝子社会”是与施坚雅所假定的封闭的、作为长江流域市场体系的一个分支的西南不一样的、一种基于坝子和坝子之间的扩散型网络联系的市场和文化社会体系，在经济和文化上，“坝子社会”是一种面向东南亚和长江流

① ［美］施坚雅：《中国农村的市场和社会结构》，徐秀丽译，北京，中国社会科学出版社，1998。

域和西藏高原开放的地域社会。在王朝国家的政治体制中，“坝子社会”承担了维持边疆稳定、交通顺畅的政治功能，交通沿线民众需要保障东南亚藩属国和边裔土司定期前往北京朝贡的交通安全，坝子作为地方性的风水空间以及国家体制中的道路枢纽，服从于皇帝的“天威”，以朝贡来确认“天下”体制至高无上的地位，“坝子社会”的建构和发展，与边疆和外国对皇权的认可和遵从的国家政治文化密切关联。从边疆政治的角度理解，“坝子社会”的历史建构过程，就不再是从属于长江流域市场体系末梢的基层市场、中间市场与高层次市场体系的等级空间与行政体制相互配合的区域性社会过程，不符合施坚雅提出的地方经济和行政重合的历史性区域发展的模式。“坝子社会”并不是封闭于坝子及其周边的相互隔离的分散社会，而是一个基于不同的坝子和山区之间的延伸型网络体系。基于坝子的枢纽，云贵高原的“坝子社会”通过远距离贸易和交通联系，将东南亚、长江流域联结了起来。因此，就如赵敏、黄彩文等研究案例所指出的，国家体制常常直接介入到坝子社会的具体运作中，这是国家基于边疆政治在整体上的政治影响上的考量。在边疆政治体制的建立过程中，明代的卫所军队体制、明中前期的麓川战争和明后期与洞吾王朝的战争，清初的永历奔缅、清中与雍籍牙王朝的战争，等等，与历代缅王的定期朝贡一道，成为王朝中央直接运筹下的边疆政治问题。一方面，“坝子社会”作为边疆上的地域社会，经历着持续的社会文化重构；另一方面，“坝子社会”作为国家的边疆，又承担了保障国家边疆体制的开放性、稳定性的政治任务，并转化为地方性的日常生活常态。因此，地方社群所营造的社会文化空间与远距贸易、交通运输和宗教网络相连接，无论是往返于八莫、镇远、叙府之间的广袤山区的各地马帮，还是各地驿站、屯堡、铺司长期接送的朝贡使臣，无不与此相关。

笔者要回应的另一个重要的理论范式，是基于东南亚高地的研究发展起来的“高地”与“低地”二元对立的理论模式。如果从“坝子社会”特性来看，对东南亚北部世代与云南人接触的当地群体而言，坝子面向广阔山区的开放空间和基于坝子结点的发散型社会网络，正是云南边疆与东南亚北部山区之间强大的社会能动性之所以存在并长期不断重塑地方社会的重要原因。长期以来，国外研究者在缺乏深入的地方文献研究的基础上提出了一系列的理论，关注于从坝子里发展起来的低地国家，简单来说，就是将东南亚山区和坝子视为基于平等文化的山区社会和分散的社会单元，相互之间不相往来、彼此隔离。这些理论视木邦、勐艮等中国称为“三宣六慰”的土司区域为“低地国家”，并因之建立起分散的“勐”与“召”之间的地方等级制与越过山区的召之间更高等级的联合的体制，称之为国家体制的“曼陀罗模型”或“星系模型”。斯科特将这样的理论假定推到一个极致，称之为文化上拒绝等级体制的无国家人民的山区“赞米亚”，甚至将云贵高原也归入这样的社会类别。斯科特假定，山区居民必然在亲属制度上与坝区不同，“刀耕火种”的农业生产方式利于山区居民拒绝国家的统治，因此山区与坝区之间形成了政治结构上的差异。极端的“低地国家”与“高地无国家”的二元论想象首先忽略了历史上国家体制对坝子和山区的土司体制的确认、国家控制山区资源方式，即国家对坝子从政治、经济双管齐下，实现“高地”对“低地”统治管理而非片面的对立关系。例如云龙五井等各大盐井的盐业和盐课和相关的贸易体系。其次，研究者将坝子与山区生态差异扩大等同于政治体制和文化的根本差异，进而否定了不同类型的社群之间相互依赖性、互补合作的地域性社会文化机制。其根源在于西方研究者缺乏对应明、清以来“天下体制”下建立起来的朝贡体制、不同等级坝区和山区土司的多样性行政制度的基本了解，将研究置于空中楼阁而无现实基础。针对这些问题，本书的研究提供了充分、细致的论证，讨论了“坝子社会”交通网络文化的延伸对于东南亚山区的持续影响，也充分讨论了卫所制度、土司体制与明清帝国的制度设计之间的关系，移民与山区及坝区世居居民的关系及其差异性，等等。无论从施坚雅模式和角度，抑或从利奇、斯科特的角度，都强调将东南亚山区和西南简单视为地方性市场及各自分散的坝子中的城邦体制，将坝子与山区的关系割裂、静态化，原因是地方性的视角和知识尚没有能够从坚实的文献、田野工作的基础上建立起来。笔者长期的坝子社会研究合作计划，正走在这样一条道路上，将国家体制与地域社会联系起来，将地方视角与综合性的地理生态、社会文化过程结合起来，更多地从西南边疆山区社会在历史上的“天下体制”中的位置来检视社会能动性的发展，专注于对西南边疆作为地域社会的建构过程的研究，以期产生更有解释能力的知识来推动历史人类学和西南边疆研究的发展。

总体上，“坝子社会”的讨论提供了一个综合性的研究框架，帮助我们从不同的面来反思民族史、边疆史的局限，以全观性的视角来讨论地方社会变迁和文化延续的问题。基于国家体制、边疆、山区等的政治地理条件，地方民众凭借什么样的社会机制来持续重塑地方文化和社群关系，这是笔者目前最为关注的问题。

15—16 世纪明朝对滇西的治理与内边铁索箐的首领[①]

唐立[②]

一、绪论

洪武十五年（1382）明朝征服滇西之后，直到万历二年（1574），一些反叛群体集中于宾川、姚安之间统称为“铁索箐”的一泡江河谷沿岸的山区，长期处于明朝行政体制之外。[③]但如本文所论述，既然云南残留明清王朝尚未全面统控的山区，铁索箐并不属“无主之地”。此与斯科特所谓“无国家”山区迥然不同。本文将铁索箐视为明朝尚未能完全施政的区域，文中着重考察为何明朝以两百年之久尚无法控制铁索箐的反叛力量，进而指出，直至万历二年（1574），铁索箐首领的军事抵抗仍然在很大程度限制了明廷在滇西的政治统治的深入，文章亦检视山区反叛势力在何种

---

① 本研究得到香港研究资助局（Hong Kong Research Grants Council，RGC）优配研究金项目（General Research Fund Project，项目编号 No.16642516）的资助支持。

② 唐立，大理大学民族文化研究院教授，博士。

③ 铁索箐（亦作铁锁箐）即今铁索乡，位于一泡江（当代地图作“渔泡江”）东岸、今大姚县西部。另一要塞名为赤石崖，位于今平川镇，在渔泡江东岸，属今宾川县。据《明史》记载：“弘治间，稍有归命者，分隶于姚安、姚州。嘉靖中，乃专属姚安。”（见张廷玉等编：《明史》，北京，中华书局，1974）出于对论述简化的考虑，本章用“铁索箐”一词指代该区域的山区社群，因为各历史文献均将该地域视作山区人群反抗明朝的主要中心。

程度上影响了以坝区（低地）为中心的明朝地方的政治运作。

总的来说，铁索箐的山区社群之所以能够作为一个内边（internal frontier）[①]而持续存在，缘于这些政治力量所占据的地理区域是明朝既无法实现直接控制也无法通过世袭土官间接管理的山区领域。内边并非云南独有，广东、贵州和湖南同样有内边区域的存在，但是目前未发现相关的滇西山区自治社群的翔实史料，我们尚无法详述各山区社群在明朝统治前期二百年中的历史。为了监督和控制各地土官及军事防御的需要，明廷在坝子中设置了大量卫所，并在各府州县建立户籍管理体系，地方社会在国家的主导之下逐步推进。通过检视以铁索箐为中心的内边是如何抗拒国家体制的深入，可以发现，实际上在明朝时期的坝区与山区社会之间，由国家和地方精英主导的社会转化过程呈现出显著的差异性，显而易见，自16世纪对山区的统治逐步深入和强化之后，明朝国家体制的力量亦重塑了山区社群的历史。

大致从1256年起至1382年，元朝通过大理国王室后裔“段氏总管”的代理统治着滇西地方社会。[②]明朝废除了此种对单一强势中介的依赖策略，转而选择通过王朝常设的流官来对府、州、县进行直接管理，并通过设置世袭土官来实现对非汉族群的督管，府、州、县政府通过实施人口及

---

① “internal frontier”的概念以“内边”两个字表达，是为了避免“内地边疆”之直译被误解为被内地化的边疆之意。依云南师范大学邹建达教授于第九届中国土司制度与土司文化国际学术研讨会（2019年10月18日云南师范大学与楚雄师范大学主办）上的建议。

② 有关段氏总管的讨论，参见唐立：《元朝对金齿百夷及其以南土官地区的设治新证》，《历史人类学学刊》，19（2），2021年10月，1—48页，详见19—31页。

土地登记来建立其直接管理的户籍基础。出于军事防御的需要，基于卫所体系，明朝开国皇帝朱元璋将大批汉人移民迁入各地坝区，其中包括在流官及土官管辖范围内驻防的明军士兵及其家属，就在坝区管治得以稳定的基础上，以士大夫为核心的地方精英展开重塑非汉社群文化运动。①

作为开科取士的产物、并在多数情况下成为明朝新兴儒学地方精英，从 15 世纪后期开始重塑地方文化和宗教信仰，以更贴近明朝主流社会的标准。到 16 世纪时，地方精英的目标包括重写地方历史，以及重塑意识形态和信仰，马健雄称此过程为社会转变。② 明朝无力穿透部分山区自治社群，这限制了社会转变的范围。由于土官管辖下的非汉社群保留了其“夷”或未登记的“蛮夷”状态，明朝无法将其纳为直接向王朝负担赋役

① 关于在土官辖区内广泛出现的社会改造，史学家迄今尚未掌握太多证据。例如，尽管在 15 世纪后期，由于土官设置儒学学校，蒙化县周围的社群接受了一些儒家的标准及习俗，但并没有演变成像马健雄所设想的那种大规模改造。关于蒙化的例子，参见唐立《明清滇西蒙化碑刻所传士大夫研究——张锦蕴 · 张端亮 · 张適栻 · 张辰照》，见唐立编：《明清滇西蒙化碑刻》，东京外国语大学国立亚非语言文化研究所，2015 年，3—54 页，详见第 7 页。另参唐立：《土流兼治地区中的土官施政：以滇西蒙化府左氏土官为例》，见《清史论丛》总第 32 辑，2016 年 12 月，31—58 页，详见 48—49 页。

② 参见 Ma Jianxiong. Zhaozhou Bazi Society in Yunnan: Historical Process in the Bazi Basin Environmental System During the Ming period (1368—1643). in Ts'ui-jung Liu Ed., Environmental History in East Asia: Interdisciplinary Perspectives, Routledge, London, 2014, pp.131-155；以及马健雄：《明代的赵州与铁索箐：滇西以“坝子”为中心的地理环境与族群建构》，见赵敏、王伟主编：《大理民族文化研究论丛》第 6 辑，229—262 页，北京，民族出版社，2017。

的编户民。[①] 自治山区社群的居民一直未登记编户，这一事实体现出山区社群置身于明朝府州县政府直接管控之外。对于流官和土官而言，在类似铁索箐这样的区域，山区社群在很大程度上保持着难以治理的特性，直到万历二年（1574）明朝军队完全征服了铁索箐区域。铁索箐所指的范围很广。在其影响之下该区域包括了一片广袤的山地边疆，南北约 200 千米，北起金沙江（长江上游支流）南岸，南到云南县（今祥云县）北，西面是宾川州和赵州，并在东面和北胜州及姚州接壤。在极端地势的保护下，铁索箐形成了一种自然屏障，于西隔离着大理，于东则阻绝楚雄。

自历史文献可知，此种自治社群均有其首领，史料中记载 20 多位，此事实意味着铁索箐并未构成詹姆斯·斯科特所想象的赞米亚那种群龙无首的山区社会。明代史料称其为盗贼，因为山区首领周期性地劫掠坝区村庄、袭击旅客并威胁连接着大理与滇东治所及滇北四川之间的交通要道。[②] 山区首领对流官和土官管辖下的坝区社群骚扰持续了约两百年之久。

自治社群同样存在于贵州和湘西的苗族聚居区，以及以广东大藤峡为中心的瑶族聚居区。科大卫在其有关明朝与大藤峡瑶民之间长期战争（约

---

① 从相关证据看来，也有某些大理坝区的土官为其辖下的人口作了登记工作。在 1383 年左右因功被任命为邓川州（在今云南大理白族自治州洱源县）土官知州后，阿这，一位僰族土官，“创州治，编户口，建学校，兴祠祭，事皆就绪”。参见正德三年（1508）由邓川州杨金南所撰写的《邓川州土官知州阿氏五世墓表》，收入杨世钰、张树芳编：《大理丛书金石篇》（卷 10），71 页，北京，中国社会科学出版社，1993。

② 《明史》，点校本，8092 页中记录了其劫掠活动。另外，前引 Ma Jianxiong, “Zhaozhou Bazi Society in Yunnan: Historical process in the Bazi Basin environmental system during the Ming period (1368—1643)”, pp.141–145 中也有关于这些劫掠行为的论述。

1446 至 1576 年）的分析中，总结出了珠江三角洲村落社群的三种类型：一是由流官直接管理、承担赋役的编户民组成的低地社群；二是由土官治理的低地和山区社群；三是位于在明朝管辖范围之外的内边的社群。① 明王朝对于新纳入直接管治的户籍人口创造了类似滇西的编户与非编户的配置。明清王朝向内边区域的扩张治理挑战着整个中国西南山区社群的自治体制。史学家对内边区域的同化等问题已有所研究。② 然而，关于自治社群在定义王朝对地方社会控制程度问题中所扮演的角色，历史学家却踌躇不前，不进行深入研究。

连瑞枝关于铁索箐的研究着眼于阐明明朝如何将内边山区首领纳入行政管理体系。她指出，从 15 世纪晚期开始，明朝管治向内边边缘的扩张导致了劫掠行为的剧烈化，并且在 1574 年明朝的征服之前已达到高潮。她以实证阐述了明朝在征服之后将内边分成三个单独的社群：第一个由在里甲制度下的坝区类型的编户民社群组成；第二个是土巡检麾下的土兵社群；第三个社群保持了未编户的状态，但明朝官员将此种社群划归了姚安

① David Faure, “The Yao Wars in the Mid-Ming and Their Impact on Yao Ethnicity” in Pamela Kyle Crossley, Helen F. Siu, and Donald Sutton Empire at the Margins; Culture, Ethnicity, and Frontier in Early Modern China, Berkeley and Los Angeles, University of California Press, 2006, p.171; pp.18–186.

② 例如，苏堂栋（Donald Sutton）研究了通过在内边和汉人迁徙地区任命土官而施加于湖南西部的改造，并尤其关注苗汉之间纠纷的调解；详参 Donald Sutton, “Violence and Ethnicity on a Qing Colonial Frontier: Customary and Statutory Law in the Eighteenth-Century Miao Pale,” Modern Asian Studies, Vol.37, No.1 (2003), pp.41–80.

高氏土官的辖下。[①]

为了检视内边政治组织的性质并解释山区首领是如何限制明朝在滇西的统治，笔者提出以下问题：首先，山区首领所维系的统治机制是否包含一定程度的行政组织性质，抑或其所吸引招徕的山地人仅为一帮渴望劫掠的追随者？其次，为什么明朝需要将近二百年的时间才能征服铁索箐？第三，此坚不可摧的内边顽抗如此长久，是如何影响15—16世纪明朝对滇西的统治？通过将铁索箐众社群看成一个内边的居民，希望能够从一个新的视角审视山区势力和明朝统治在滇西的对弈。上述研究问题的答案会加强我们对于滇西地方精英和国家体制配合下不断推进的社会改造过程的理解。

二、文献史料

由于相关山区社群没有留下属于自己的文书档案，有关史料必须从官僚和文人的书写中搜集。主要从两个不同的文献中寻求材料。关于对坝区的劫掠，以及明朝廷直到约1574年才能建立有效统治的原因，主要依赖李元阳（1497—1580）的书写，并辅以何孟春（1474—1536）的疏奏，他曾于正德年间（1506—1521）任云南巡抚。李元阳是大理府太和县人，于嘉靖五年（1526）取得进士功名，此后仕途坦荡，历任江阴知县、户部主事、监察御史等职。于嘉靖二十一年（1542），44岁的李元阳告别官场之

① 连瑞枝：《土酋、盗匪与编民——以云南山乡夷民为核心的讨论》，载《历史人类学学刊》第13辑，46—51页，2015。

后回到大理，并以余生致力于大量有关地方历史和社会的书写。① 他重新解读了元时南诏和大理国的历史，以与明朝所宣扬的中原王朝对云南地区的统治始于汉代这一观点相适从。② 李元阳的退休在时间上很巧合地与铁索箐首领发动之劫掠行为的加剧重合。因此，他的著作属于当代史的书写。

根据晚明时期朱国祯（1558—1632）的记录，李元阳出身于大理世族，其祖先精通法术，相传有降龙之法，但到他这一代已经失传。朱国祯记录道，李元阳于嘉靖二十一年（1542）至万历七年（1579）之间，在大理府翻修了很多佛寺，其目的是防止恶龙造成的洪灾。在明代之前，洱海周围的居民"古崇佛法，建寺塔弹压，民始得安"。然而，随着南诏大理佛法被明朝废除，"龙复作祟"，引起种种灾难。由于不具备先祖的魔法力量，李元阳选择通过重修寺庙的方式制服恶龙。他"崇圣遗墟及郡中坛宇，焕然一新"。③ 在重塑地方社会的过程中，李元阳援引了明以前的佛教实践，由此揭示其与元代相关传统的深层相似性。对于传统实践的熟悉有助于他重新书写当地历史和重新排列风俗习惯以与 16 世纪主流的标准相适应。

---

① 《云南丛书》于 1914 年雕版重印了李元阳的文集《李中谿全集》。所用底本是刘维和胡僖于万历八年（1580）刊印的稿本，参见赵藩序，云南省文史研究馆整理《云南丛书》（卷 21），11063 页，北京，中华书局，2009。刘维任巡按御史，胡僖则任金沧道兵备道。因此，可言李元阳的观点带有官方色彩。

② 参见连瑞枝：《书写"西南"：两种典范历史的对话与建构》，载《历史人类学刊》，第 16 卷第 1 期，39—70 页，2018。

③ 朱国祯：《涌幢小品》，679 页，北京，文化艺术出版社，1998。

作为一位沉浸在家乡大理的士大夫，李元阳处在一个颇为有利的位置，使他能够利用元代的地方历史叙述，例如13世纪后期张道宗的《记古滇说集》，以及现已散佚的《白古通记》。[①]根据侯冲的研究，大理的士大夫从元代就开始重塑白族认同。因此，李元阳对历史传说的“更新”可以被解释为一种已在进行的认同制造的延续。白美安（Megan Bryson）认为李元阳是明代第一位写下和邓赕慈善传说有关的详细叙述之人，即和白洁圣妃有关的柏节夫人，慈善在大理国时期的佛教仪式中被称为大黑天（Mahākāla）的配偶。[②]白美安提出，当地和外来的士大夫均曾对女神的故事做出了改动，以适应变化中的有关性别的概念，尤其是对于明清两代士大夫都赞扬的贞操崇拜。[③]这个例子证明了李元阳的书写对于新认同构建的贡献，也反映了士大夫对于变革的热衷。李元阳并不是唯一一位决意重塑地方社会以适应16世纪变动之局势的本土精英。杨士云（1477—1554）同样提倡婚姻、丧葬及仪式等方面的改革以图让地方习俗更接近明朝官方

---

① 根据侯冲的研究，一位喜洲杨氏的家族成员在13世纪末14世纪初写了《白古通记》。参见侯冲：《白族心史——〈白古通记〉研究》，68—81页，昆明，云南民族出版社，2002。

② 相关记述出现在由李元阳主编的两部地方志中：嘉靖年间（1522—1566）的《大理府志》和万历年间（1573—1620）的《云南通志》，参见Megan Bryson.Goddess on the Frontier; Religion, Ethnicity and Gender in Southwest China, Stanford: Stanford University Press, 2017, pp.116–117.

③ Megan Bryson, Goddess on the Frontier; Religion, Ethnicity and Gender in Southwest China, pp.107–135.

标准。[①] 士大夫就成为生成知识新标准的引擎，而地方精英则作为新标准的推动者，这一被马健雄称为社会转变的过程对社会生活的所有层面都构成了冲击。

《铁锁箐罗思诸夷列传》详细记录山区社群内部组织轮廓，收录在瞿九思（1546—1617）撰《万历武功录》（成书于 1612 年）中。[②]《铁锁箐罗思诸夷列传》详述 1573—1574 年由都御史邹应龙（1556 年进士）统率的大规模军事活动。此文记录了参战军队的数量、进攻的战略、伤亡和俘虏数字，等等。尽管有着拥护明朝官方的立场，书中还提供了有关铁锁箐首领历史与组织的信息。

三、自封的十王

在 1573—1574 年战役的前夕，内边中的政治组织形式是由十位自封之王组成的联盟。罗思原任职伙头，在此联盟的形成中扮演了核心角色。对于十王的起源，《铁锁箐罗思诸夷列传》有如下记录：最开始是一位名叫罗勤快的百夫长率队驻在赤石崖，并欲劝内边的首领称王。但是，他很

---

① 参见连瑞枝：《书写“西南”：两种典范历史的对话与建构》，载《历史人类学刊》，第 16 卷第 1 期，39—70 页。

② 参见（明）瞿九思《万历武功录》（台北，艺文印书馆，1980）。毛奇龄《蛮司合志》中有关于征服铁索箐的记述（见《续修四库全书》，上海，上海古籍出版社，2002）以《万历武功录》中《铁锁箐罗思诸夷列传》的相关内容为基础。尚有朱和双：《瞿九思〈铁锁箐罗思诸夷列传〉浅证》，见杨甫旺主编：《新彝学》第一辑，231—274 页，昆明，云南人民出版社，2018。

快打消了这个念头，因为遇到罗思和罗革的反对，此两人都认为这是“狂妄沮吾大事”。然而这些首领又改变了主意，因为一位“善为妖幻术惑人”的“巫人”李仙子宣称“箐中有王者气”，且预言“此必有兴者，当制南仲（按即今云南）矣”。他们认为时运无疑是终于到来了，包括罗思和罗革在内的十位首领“自称孟获二十世后当世有南仲”，然后“乃立为冲天铁面十大王”，又任命杨桂三为相。此外，杨桂三之子杨撤为“大将军”，“造符铸印，陈兵出入，俨然若一王者”。[①] 受到孟获传说的启发，十首领欣然接受了称王之举。问题由此而来：这一新的意识形态是否改变了原本内边的政治权力配置？

按照前人研究的论述，山区社群政治权力一般结构松散，而且尽管其中有人会因为某些具体形势——尤其是特殊紧急情况下——而掌握着比其他人更多的权力，但无一个人能终身拥有最高领导权并且不能继承。[②] 任相以管理行政、拜将以率领军队，以及领兵符、铸官印等做法，均制造出政治权力一统的表象。但是，此种做法并不意味着实质性的变革，而仅仅反映了一种企图通过展示对中原王朝国家运作方式的应用以强化自身特权的欲望。由此看来，王权的概念并未完全取代旧的框架，而且从本质上而言，十王的政治组织性质依然属于首领之间的联盟。

① 详参《万历武功录》（569页，台北，艺文印书馆，1980）。另《明史》以批判的方式记述罗思“有幻术，造伪印称乱”，点校本，8092页。

② E. R. Leach, Political Systems of Highland Burma: A Study of Kachin Social Structure (London, G. Bell and Sons, 1954) 以及 James C. Scott, The Art of Not Being Governed: An Anarchist History of Upland Southeast Asia.

马健雄指出，通过将孟获作为关键符号，十王明确地传递出一个讯息，即诸如明朝国家这样的外部力量是不能够统治他们的。至于为何十王选择了孟获，马健雄认为十王主张与孟获有关系是肇始于弥渡的铁柱庙中南诏王的塑像被换成了诸葛亮的，以及四处兴建的祭祀诸葛亮的寺庙。① 为了提出不同解读，在此要检查记录孟获与诸葛亮之间对抗的早期文献。笔者认为，从内边首领的立足点出发，孟获可以被诠释为一位为保护云南而对抗中原王朝势力的历史人物。

孟获是三国时期（220—280）云南地区的当地首领，当时蜀国拥有对南中的宗主权。根据该故事的书面版本，孟获在被七擒七纵之后，最终于建兴三年（225）向蜀国神通广大的战略家、大名鼎鼎的诸葛亮投降。在他投诚之后，诸葛亮返回蜀国，留下了一些军队防备未来可能出现的动乱。②

对于一般读者而言，这个故事展现了诸葛亮在征服一位非汉族群首领时运用优胜策略的睿智：他没有进行惨烈的战斗就获得了胜利。《孙子兵法》将战争的终极策略概括为“是故百战百胜，非善之善者也；不战而屈人之兵，善之善者也”。诸葛亮因为没有展开全面战争就平定南中而取胜，此可视为一种为了北伐曹魏保留军事资源的战略。然而，另一条文献清楚说明了南中的视角，其所描述的是一个完全不一样的画面，例如当中提到，

① 马健雄：《明代的赵州与铁索箐：滇西以“坝子”为中心的地理环境与族群建构》，见赵敏主编：《大理民族文化论丛》第 6 辑，256—257 页，北京，民族出版社，2017。

② 书面版本载于陈寿《三国志》（919—921 页，北京，中华书局，1982）及罗贯中《三国演义》（1175 页，中华书局、上海古籍出版社，1989）。

是孟获以计谋战胜了诸葛亮，而不是反过来。支持这一观点的证据见于东晋（317—420）史家习凿齿（卒于384年）撰写的《汉晋春秋》。《汉晋春秋》记述三国史事以蜀汉为正统，诸葛亮因为管治南中的困难而撤走了部队和官员：①

> 亮曰：若留外人，则当留兵，兵留则无可食，一不易也。加夷新丧破，父兄死丧，留外人而无兵者，必成祸患，二不易也。又吏累有废杀之罪，自嫌衅重，若留外人，终不相信，三不易也。今吾欲使不留兵，不运粮，而纲纪粗定，夷汉粗安故耳。

根据此版本，诸葛亮在确立对南中的直接管治上的失败可以被解释成孟获的胜利。当地政治条件的不稳定以及军队与粮辎数量的不足令机智的诸葛亮选择绥靖南中而不是发动战争，此举是明智的，但此其实并不相干。对于当地人而言，他的聪明才智毫不重要，重要的是，诸葛亮最终撤离了。对方的撤退就意味着孟获的胜利，且强调了他在外来干预面前最终成功地保卫了其领地和人民。当用此种方式解读该事件的时候，孟获就以胜利者的形象出现了，一位土生土长的领袖战胜了从远方而来的战略家。

引用《汉晋春秋》的故事版本，不是为了提出对历史事件的一个新的解读，而是为了说明在史料中存在着有关孟获的非传统性解读。根据《铁锁箐罗思诸夷列传》，孟获是山区首领的楷模。因此，通过宣称是孟

---

① 下引文见载于陈寿《三国志》点校本第921页，以及黄奭编《黄氏逸书考》（313页，《续修四库全书》卷1210，上海，上海古籍出版社，2002）。《汉晋春秋》的文本只有残篇存世。记录了后汉至西晋愍帝在位时期（313—316年）的历史，所选的立足点是以蜀汉政权作为汉王朝的合法继承者，并将曹魏政权（220—265）描述为汉朝王座的篡夺者。

获再世，十王将自己视作这一历史遗产的继承者，并表达了其要将明朝势力从内边驱逐出去的决心。通过借助本土的历史人物，十王创造了一种意识形态，将自身重新放在了和明朝国家对立的位置上，并使他们勇于相信，他们将会和孟获一样，得到内边险要地势的保护，从而免于外来统治。

在反抗与日俱增的来自明朝官僚和土官的干预的背景下，这些有关王权的概念出现在内边的社群中。明朝最初早在洪武十六年（1383）就任命了两位当地人作为土巡检，[①] 但直到弘治七年（1494）设立大罗卫和宾川州之后，才算是内边附近呈现了强大的军事力量。这些措施的目的在于打击劫掠事件，也为了便于统治从太和县、赵州、云南县搬迁至新建宾川州的编户民。此外，明朝尚在弘治十二年（1499）设了兵备副使一职来管理围绕在内边附近的区域。[②] 罗思和罗勤快都在明朝设置控制内边的机构中占有微职，所以他们应该能理解明朝的意图。作为一名百夫长，罗勤快甚至可能负责约束山区社群，不让其离开山地。然而，就像连瑞枝已经指出，这些军事积累并未能保护坝区人口。恰恰相反，卫所的建立仅强化了铁索箐区域首领捍卫自治、加强彼此联盟的决心。因此，上述积累的结果促成

---

① 于 1383 年获任命为土巡检的二人来自大理附近的赵州，其中李义为你甸巡检，李纳麟为安南坡土巡检。他们的后代也承袭为土巡检，参见《土官底簿》上，《四部全书珍本初集·史部·职官类》，17 页—18 页。

② 《明实录·孝宗实录》第 2737 页记弘治十二年九月乙丑（1499 年 10 月 12 日）云：“又姚安府、大罗卫、宾川州地方有贼穴六七处，军民受害甚切。请添设兵备副使于澜沧城，以姚安、大罗、宾川、鹤丽、丽江、大理、洱海、景东府州卫所属之。”关于宾川州的设置，参见《正德云南志》正德五年（1510）彭纲、周季凤序，161 页。

16 世纪劫掠行为的加剧。[①]

两位土官的统治企图增加了铁索箐首领和明朝官吏之间关系的复杂性。《铁锁箐罗思诸夷列传》记录了内边的自治性，强调在 15 世纪晚期之前，其未承担役属义务。[②] 然而，当姚安府的土知府高凤[③] 和姚州县的土县丞高椿从弘治年间（1488—1505）开始治理苴却东界（今永仁县内），上述情况就发生了改变。尽管两位土官迭替管理该边缘区域，但二人均未设置一个专属辖区。在正德年间（1506—1521），该区域成为姚州高弼的管辖范围。[④] 但是，嘉靖皇帝在位期间（1522—1566），管辖权又回归姚安府，由高齐斗掌权。[⑤] 随着高齐斗因罪而被撤职，重担落在了高鹄的头上。在高鹄死后，高齐斗的儿子高钦负责管辖。大约在 1567—1569 年，高钦和他的弟弟高钧与山区首领因为武定府土知府而和山区首领争得你死我活。

---

① 连瑞枝：《土酋，盗匪与编民——以云南山乡夷民为核心的讨论》，载《历史人类学刊》第 13 辑，39—40 页，2015。

② 《铁锁箐罗思诸夷列传》记录了在边缘地区苴却的管理以及彼处的干扰；参见瞿九思《万历武功录》(568 页上) 曰：“铁锁箐者姚安夷寨也。其寨倮猡野夷居之。自古弗役属汉。弘治中，稍稍属土同知，则姚安高凤，姚州高椿，然岁间以一人主之，亦无专属。正德属州高弼。嘉靖又属府高齐斗，斗坐法免，属高鹄，鹄死，斗子钦嗣，钦死，子金宸嗣。然当钦世而后铁锁箐始专属姚安也。”

③ 高凤于弘治九年（1496）出任土知府，于嘉靖九年（1530）去世；参见《土官底簿》上，59 页上。

④ 高弼于嘉靖十六年（1537）继任姚州县土县丞；参见《土官底簿》上，60 页上。

⑤ 高齐斗于嘉靖九年（1530）高凤死后出任姚安府土知府；参见《土官底簿》上，59 页下。

此次争斗或许促使了山区首领自封称王。因此，将简短地交代一下事情经过。武定府的土知府为世袭职位，在凤氏家族内部世代相传。有妇瞿氏，在其子凤诏死后于嘉靖十六年（1537）被任命为土知府（“及凤诏死，瞿氏以母袭子官”）；到嘉靖四十二年（1563），“瞿氏老，举凤诏妻索林自代”；然而之后索林的行为却招致瞿氏的不满。瞿氏“乃收异姓儿继祖入凤氏宗”，并从邻近的贵州和四川调动土官兵，意图安排凤继祖取代索林。两个女人之间的冲突引发了旷日持久的区域战争。①高钦将内边卷入了这场致命的冲突之中，因为他煽动铁索箐首领为凤继祖一方而战。他劝众首领派“箐贼”攻击蒙化府。这些部队由高钦的“悍仆”高小三调派，后者在当时还负责管理着内边的东部边缘地区。在凤继祖被处死之后，高小三被撤职，且根据《铁锁箐罗思诸夷列传》，从此时开始，铁索诸酋才变得“益剽桀乱”。②凤继祖之乱拓宽了整个滇西内边山区首领之间联盟的范围。③

此种阴谋令铁索箐首领对与土官打交道所潜藏的危险提高了警惕。自上述事件可知，获委派管治山地边缘区域的官员可能会操纵山区首领以为自身图利，尤其是高氏土知府所掌握的行政控制在很大程度上是敷衍马虎

① 见《明史》点校本，8096 页。另外，毛奇龄《蛮司合志》卷 10（3 页—4 页）（《续修四库全书》，417 页，上海，上海古籍出版社，2002）也记叙了高氏家族成员与凤继祖之间的勾结以及他们煽动铁索箐首领劫掠蒙化府的事情。

② （明）瞿九思：《万历武功录》，568 页，台北，艺文印书馆，1980。

③ 连瑞枝：《土酋，盗匪与编民——以云南山乡夷民为核心的讨论》，载《历史人类学刊》第 13 辑，42 页，2015。

的。高氏土知府在两个方面辜负了明王朝的期待：首先是因疏忽而未能防止内边内部政治和军事力量的积累；其次是未能阻止其家庭成员与铁锁箐首领勾结。此类串谋的结果是，高氏家族有人在万历元年（1573）转而与明王朝对抗。《铁锁箐罗思诸夷列传》记录了高熙——负责应对山区事务的高氏家族成员——秘密派百夫长罗鸣凤率领1400名亲随去帮助内边的首领和明朝作战。[①]高氏家族成员和内边首领之间的关系暗示着为了共同利益的勾结，而不是自上而下的行政管理。在现实中，高氏土知府对内边行使了有限的控制权，或许正是其家族的阴谋诡计令铁索箐首领更有胆量去接受一个承诺保护其自治权的意识形态。

李元阳称内边的居民为“爨”，这是一个应用广泛、可指代多个族群的称谓。李元阳记曰：“其蛮夷种族不一，统名之曰‘爨’。爨性犷悍，业习强弩，以毒涂矢镞，中人立死，莫敢撄其锋。部落七十余，而铁索箐、赤石崖其魁也。地属宾川州，而蒙化、姚安、楚雄诸郡咸被其害……”[②]表1条列了铁索箐内边的24位首领。《铁锁箐罗思诸夷列传》用“猓猡野夷（今彝族）”来笼统地指称铁索箐的族群，并归纳其余23位首领曰“皆多僰人猓猡，无籍属也”。由此可见，内边族群组成包括了猓猡和僰人的混

① 高熙从螳螂调派了6位火头辖下的800人，又从古底调派了5位火头辖下的600人，这些人全都归他统辖。参见瞿九思《万历武功录》（576页）。

② 《洱海兵备道铁索箐军营厅壁记》，见《李中谿全集》卷7，21页上，载云南省文史研究馆编《云南丛书》卷21，11262页。

合体。[①] 高氏土知府未能将此群人变成服从的属民，遑论将其登记为承担赋税的明朝编户民了。内边族群显然一直保持着置身于土官和明朝统治圈之外的状态。

表 1　内边的首领一览表（约 1572—1573 年）[②]

编号	府 / 州 / 县名	首领所据地名
1	姚安府	铁锁箐
2	宾川州	赤石崖
3	宾川州	螳螂
4	宾川州	古底
5	宾川州	乌龙坝
6	云南县	大波那
7	云南县	你甸
8	云南县	和甸
9	云南县	楚肠
10	云南县	各左
11	云南县	木荼喇
12	云南县	大松坪
13	云南县	羌浪

① 瞿九思:《万历武功录》，568 页。马健雄和连瑞枝也谈到了力些（音 suō，即今傈僳）和麼些（今摩梭），然而现存最详细的报告《铁锁箐罗思诸夷列传》中却未提到这些名称；参见马健雄：Zhaozhou Bazi Society in Yunnan: Historical Process in the Bazi Basin Environmental System During the Ming period (1368—1643) (pp. 142–145)；连瑞枝:《土酋、盗匪与编民——以云南山乡夷民为核心的讨论》，载《历史人类学刊》第 13 辑，21—22 页，2015。

② 资料来源:《铁锁箐罗思诸夷列传》，参见瞿九思《万历武功录》，568 页下，台北，艺文印书馆，1980。

续表

编号	府 / 州 / 县名	首领所据地名
14	云南县	金且
15	云南县	俄打喇
16	云南县	小茶喇
17	大姚县	喇摩
18	大姚县	歪宁
19	大姚县	摩只
20	大姚县	苴只
21	大姚县	摩朵喇
22	大姚县	小赤石
23	大姚县	阿你喇
24	大姚县	瓢苴

16世纪中期的材料对于内边山区村落数量的估计大约是70—80个。[①] 24位首领的领地跨有两县一州（参见表1）。[②] 除姚安府内的铁索箐，对其他山区首领按州县分类可知，在宾川辖境内有4位首领，云南（今祥云县）有11位，大姚有8位。此数据揭示了有关山区政治权力的两个事实：首先，铁索箐在十王结盟之前就早已和一个广袤范围内的山区首领维

① 参见《洱海兵备道铁索箐军营厅壁记》(《李中豁全集》卷7，21页上，载《云南丛书》卷21，11262页）及瞿九思：《万历武功录》，568页下，台北，艺文印书馆，1980。根据乾隆时期学者张履程的《明黔宁王沐英氏世袭略》，沐昌祚和邹应龙平定了铁索箐的七十二处力些族村落，参见（清）王崧《云南备征志》卷21，66页上，载《云南丛书》卷13，6837页。

② 这些首领的二十四之数大致上在李元阳的《守备陈君善职序》(未注明日期）中得到印证，文中称铁索箐于赤石崖附近有二十余村庄；参见《李中豁全集》卷6，4页下，载《云南丛书》卷21，11227页。

持着盟好关系；其次，一些山区首领所据之地除了山区以外也包括了一部分毗邻山地的坝区。像“坝”“甸”这样的字眼出现在排第五的“乌龙坝”、排第七的“你甸”以及排第八的“和甸”中，均指适合坝区模式农耕的地形。因此，可以得出结论，山区首领纵横在宾川州和云南县此 3 个位置之间。尽管宾川州设于弘治七年（1494），最初的目的是为了防止劫掠，但此后内边的首领依然对低势地带享有权威达 80 年之久。正如以下所展示的，首领对宾川境内一部分毗邻山地的坝子社会展开劫掠，直到万历元年。

四、1573—1574 年对内边的讨伐战争

在成化十五年六月十八（1479 年 7 月 7 日）的奏章中，云南总兵官沐琮汇报了对铁索箐王通海其他“群聚劫掠”之蛮贼的作战告捷。明朝军队擒获 309 人，斩首 139 人，俘虏了 133 人。此数字并不包括投崖和因为物质匮乏而饿死的大量人口。[①] 然而此次讨伐并未能根除劫掠，而且一如之前提到的，掠夺行为在 16 世纪出现了升级。万历元年至次年（1573—1574）的讨伐战争无论在规模上还是决定性上都远胜于成化十五年（1479）的这次战争。讨伐战果中俘获的人数比这一次增长了 4 倍，斩

① 《明宪宗实录》卷 191，4 页下—5 页上，国立北平图书馆藏红格抄本，台北，“中央”研究院历史语言研究所，1964 年影印本，3400 页。原文作：“（成化十五年六月）癸卯，云南总兵官黔国公沐琮等奏：铁索箐蛮贼王通海等群聚劫掠，臣等将兵讨之，分道而迫，连战累捷，生擒三百九，斩首一百三十九，俘获一百三十三。其投崖及饿允者甚众，获畜产兵仗无算。凑之。上赐初奖属之。”

首数增加了6倍。在下一节中，将首先就此场讨伐战争的经过以及土官在其中所扮演的角色做一个简短的归纳，然后再检视事后被征服地区的统治基础，尤其是官署的设置。

（一）讨伐战争的经过

根据《铁锁箐罗思诸夷列传》，此场由邹应龙精心策划并协作的战争持续了两个月的时间，从万历元年十月十四（1573年11月8日）至同年十二月廿二（1574年1月14日）。[①] 邹应龙于万历元年十月廿七（1573年11月21日）完成了在内边四个枢机位置的军队集结，以阻断逃逸路线。然后，他乔装赶赴前线，以避免山区首领利用与地方官员的关系获悉其部署。遵循军事传统，同年十一月初六（1573年11月29日），邹应龙率将士向旗纛之神献祭。他们以被斩首的叛徒杨献德之血“衅旗鼓”。[②] 邹应龙在仪式完成后展开攻势，花了大约一个半月的时间攻下要塞。明军抓获了十王中的数位，以及其他官员，例如罗擒快、杨桂三、杨撤以及李仙子，但未能擒拿罗思和罗革。后者或许是在逃亡金沙江路上饿死的数百人中的一员。明军共俘获了1287名男女，斩首计836人。

土官提供了主要的作战部队。自表2可见，邹应龙从今楚雄、丽江和大理境内的土官辖区调动了6400名士兵，赴前线参与山区作战。《铁锁箐

① 瞿九思：《万历武功录》，572—577页。下文对这次战争的论述同样以《铁锁箐罗思诸夷列传》为基础，参见《万历武功录》，569页—578页下，台北，艺文印书馆，1980。

② 瞿九思：《万历武功录》，573—574页，台北，艺文印书馆，1980。有关明代云南地区旗纛之神的庙祠及向其献祭活动，参见唐立《土流兼治地区中的土官施政：以滇西蒙化府左氏土官为例》，31—58页，见《清史论丛》总第32辑，北京，社会科学文献出版社，2016。

罗思诸夷列传》不记载明朝派遣了正规军。土兵由土官指挥，而明朝官员充当监管。然而，当土官不亲自到场的时候，明朝官员就同时扮演着指挥官和监管者的角色。土官亲自率领的军队总数大约只有 2500 人，不到总数的一半。有的土官因为其他职任而未能出现在前线，例如邹应龙命北胜土官高承祖率领自己的部队驻守金沙江，以防止北线的逃逸。[①] 为此，他还命李朝臣和李中行指挥另外 1000 名由高承祖调派的士兵，并任命姚安知县胡崧为监军。因此，如果将被调派把守逃亡路线的土官部队也算进去的话，部队总数就超过了《铁锁箐罗思诸夷列传》所记录的 6400 人。[②] 在征服铁索箐过程中，明朝有赖于大量土官军队的动员。此种方式在西南地区是常见，万历二十七年（1599）在平定播州宣慰司杨应龙叛乱之时，土官提供了 24 万大军中的 7 成兵力。[③]

① 瞿九思：《万历武功录》，572 页下，台北，艺文印书馆，1980。

② 征南将军沐昌祚驻守在威楚以防止战斗东延，汤仰在大姚驻防以阻断南面的逃亡路线，田汝弼在宾川守卫西面的逃亡路线，关于其麾下明朝正规军的数量，《铁锁箐罗思诸夷列传》中并未记录。参见瞿九思：《万历武功录》，572—573 页，台北，艺文印书馆，1980。

③ 此大军中，仅有 30% 属于明朝常规军。参见 John E. Herman, Amid the Clouds and Mist: China's Colonisation of Guizhou, 1200–1700. Cambridge: Harvard University Asia Center, 2007, pp.162–168.

表 2 在 1573—1574 年讨伐铁索箐作战中调动的土官军队一览表①

编号	土官名	土官族属	地名	军士数目	统率 / 监管军队的官员
1	郑韶	未明	武定	1600 人	由卢云、章采、周诗、赵臬统率
2	尼继光	未明	苴却②	500 人	由大理通判孙光祖监管
3	高金宸	未明	姚安	1300 人	由胡瀚、王思问统率
4	章讲	蒙古族③	北胜④	500 人	由云南知县刘仁监管
5	高承祖	僰人⑤（白族）	北胜	1000 人	由李朝臣、李中行统率，并由姚安守（知府）胡崧监管
6	阿朝用	彝族⑥	浪渠⑦	500 人	由李朝臣、李中行统率，并由姚安守（知府）胡崧监管
7	阿荣宗	小百夷⑧（傣族）	邓川	1000 人	由陈合、刘绍先统率，并由大理推官刘朴监管
总计	6400 人				

（二）内边管理的设置

在内边中建立行政管理架构极为关键。在过去，明朝已经向坝区派遣官员，但在向内边拓展掌控方面却无甚建树。李元阳非常颂扬官僚机构的

① 资料来源：《铁锁箐罗思诸夷列传》，见瞿九思：《万历武功录》，574 页上，台北，艺文印书馆，1980。

② 根据方国瑜的研究，苴却在明代属于姚安府，现为云南省楚雄彝族自治州永仁县县治所在，参见方国瑜《中国西南历史地理考释》，1192 页，北京，中华书局，1987。

③ 龚荫：《中国土司制度》，709 页，昆明，云南民族出版社，1992。

④ 北胜即今丽江永胜县。

⑤ 龚荫：《中国土司制度》，703 页，昆明，云南民族出版社，1992。

⑥ 龚荫：《中国土司制度》，705 页，昆明，云南民族出版社，1992。

⑦ 浪渠（当为“蒗蕖”之误）即今丽江宁蒗县。

⑧ 龚荫：《中国土司制度》，472 页，昆明，云南民族出版社，1992。

设立。早在约嘉靖三十八年（1559），他就为在姚安府苴却设置的一个具有战略性位置的公馆[①]而鼓掌。当地官员将此官署兴建在与一个佛寺相连的墙内，位于内边东部边缘的一条要道上。李元阳强调官署建设关系到惩恶扬善，所谓“高其闬闳，壮其门闾，以威反侧，以怙善良”；他还指出，这一在围墙内加固的建筑“如小城”。[②]李元阳显然将官署视作一个打动山区人民的工具，以及一种展示明朝实力、呼吁被征服者投降的方式。他认识到了官署的多功能性。他说：“建之栋宇，居常为听讼之所，应变为治兵之地。”[③]官署具有行政管理和军事基地的双重属性，也正因为此，李元阳才将此种官署的兴建视为良好统治的关键支出。

李元阳全心全意地支持万历二年（1574）在漾濞建设官署，以作为管理横跨大理、蒙化、永昌三府之广袤山地的战略基地。他对于当中的逻辑作出如下解释：[④]

> 稽金（金沙江）沧（澜沧江）守备自嘉靖间建设以来，前后才三人。初吴侯子忠，次元侯位，相继升都司。今为李侯，前

---

① 在今楚雄彝族自治州永仁县辖内。

② （明）李元阳：《姚安职盗公馆壁记》（未署日期），见《李中谿全集》卷 7，24 页—25 页，载《云南丛书》卷 21，11263—11264 页。原文作：“于是，公与分巡衡阳易公协心经始，通山辟址，辇石伐木，为堂，为寝，为廊，为舍，高其闬闳，壮其门闾，以威反侧，以怙善良。然选地必以凤山佛寺为依，而缭垣必如小城者，杨侯盖有微意焉。”

③ （明）李元阳：《姚安职盗公馆壁记》，见《李中谿全集》卷 7，23—24 页，载《云南丛书》卷 21，11263 页。

④ （明）李元阳：《建漾濞守备署记》（未署日期），见《李中谿全集》卷 7，26 页上，载《云南丛书》卷 21，11264 页。

> 此驻无定所，往来三郡（指大理、蒙化、永昌三府）之间，马不停蹄，坐不温席，事若甚勤而风扫电掣。其于伏匿隐奸不能悉察，何也。无整暇之素也。治旅无地，故众不整；马上应酬，故事不暇。今夫榷检邮滞，稗官也。必为廨以钥之，然后启闭留纵司焉。守备金绯重职，提千里之兵以守扼塞，远控徼夷，近压奸宄，其为任不轻也明矣。而廨宇弗置，萍寄无方，岂所以坐策折冲而观示千里也哉。不整不暇，职此之由矣。

为了将山区社会改造得适应明代规范，官员需要驻守在固定的衙署，来对新纳之非汉社群进行管理和监督。因此，官署的建设是李元阳对内边建立管理的计划中不可或缺的组成部分。除了作为行政管理、法治和军事控制的脏腑之器，同时此种官署尚象征着明朝对内边管理的胜利。唯有通过驻守当地的行政管理，明朝官僚才得以防止山区社群重习故态。

五、明朝对于内边控制的程度

山区首领组织的劫掠活动在 15 世纪严重打乱了滇西坝区的生活。尽管约 1479 年的讨伐战做出了一次解决此问题的尝试，却未能长远地抑制劫掠。因此，明朝官员为何在征服大理之后尚需将近 190 年的时间，直到 1573 年才能征服铁索箐的内边要塞？为回答此问题，本文首先要展现扰乱的程度，然而再检视明朝未能采取决定性行动的原因。

（一）16 世纪的劫掠

内边的首领于 16 世纪在蒙化、姚安和楚雄三府之间的坝区展开广阔的劫掠。[①]嘉靖三十四年（1555），李元阳感慨劫掠成为云南所遭受的可怕诅咒，“宾川诸箐之盗，滇西半省被其患”[②]。劫掠行为从多个层面冲击着坝区人民的生活：[③]

> 姚安之铁索箐，宾川之赤石崖，其间夷贼部落二十余处，长枪劲弩，流劫村屯。二百年来，为盗益炽，杀人孔道之上，不避旌旄。虏士庶之家，迫临城郭，蔓延四出，莫之敢撄。

李元阳还记录了自 15 世纪以来劫掠行为的残酷程度一直在升级：[④]

> 地属宾川州，而蒙化、姚安、楚雄诸郡咸被其害。始而劫掠商贾，中而焚虏村屯，既而族党日众。所过杀人无厌，孔道之上横行自恣。轺幰经由，非哨望拥护则不可行郡县。自城郭之外，凡有室庐田土者，自一尺以上皆输谷麦，以丐宽免。家畜、器物、衣毡、布帛、鸡豚，恣其攫取，不敢少挠。苟违其意，大祸立至。二百年来，百尔运筹，为之调军监卫不已，又为之增粮置御不已，又为之募土兵，倩酋长。公帑日见其损，寇偷日见其

① （明）李元阳：《洱海兵备道铁索箐军营厅壁记》，见《李中谿全集》卷 7，21 页，载《云南丛书》卷 21，11262 页。

② （明）李元阳：《宾川平盗记》，见杨世钰、张树芳编：《大理丛书金石篇》，91 页，北京，中国社会科学出版社，1993。

③ （明）李元阳：《守备陈君善职序》（未注明日期），见《李中谿全集》卷 6，4 页，载《云南丛书》卷 21，11227 页。

④ （明）李元阳：《洱海兵备道铁索箐军营厅壁记》，见《李中谿全集》卷 7，21—21 页，载《云南丛书》卷 21，11262 页。

益。谚云：“苟非其人，猫鼠相狎。”此之谓也。

到16世纪时，明朝官员意识到事态发展已经超出其所能掌控的范围了。官员从未在内边有效地执行权威，绥靖政策宣告失败，面临坝区领土的丧失，在为劫掠者予取予求付出代价。[①]李元阳的叙述记录了滇西遭内边首领撕裂的程度。邻近内边的社群为自身的生命和财产安全担忧。当劫掠者来到坝区时，四处破坏并夺走村民的财物。对村民和行客的掠夺加大了不安全感。即使身为官员，也无法在没有武装护送的情况下出行。

连瑞枝注意到，山区获得坝区食物供给的途径有限，加剧了内边的形势。历来，坝区居民将剩余粮食和山区社群贸易。随着行政管理扩展到内边附近，坝区人民必须向国家缴纳实物税粮，因此减少了可用来与山区交易的谷物数量。向山区食物供应的减少引发了内边的物资匮乏。因纳粮义务的推广而造成的原有坝区——山区贸易机制的改变，迫使山区首领比以往更频繁、更激烈地开展劫掠，以获取食物。因此，就如引文中所说，当时的劫掠者开始抢夺“家畜、器物、衣毡、布帛、鸡豚”等一切有价值的

① 在保障商旅安全方面的困难并不局限于遭受来自铁索箐的劫掠影响的地区。这在滇西其他部分也是常见的。何孟春在一则疏奏中报告说，在剑川、鹤庆府的边界上，官员必须“顾募本府宣化关罗罗守把，保障一带山路，商贾始通”。他总结说，原本设置巡检司是为了在边界关卡捕捉盗贼，但对其已经不能再存指望，所谓“巡司竟为虚设”。参见何孟春：《何文简疏议》，见《文渊阁钦定四库全书》卷7，3页。连瑞枝提出，土巡检在维持山区通路安全问题上的无能，和万历时期推广“地丁银”的税制改革有关，后者包含了一种从劳役向按地税银的转变。这一方法一般被称作“一条鞭法”。根据连瑞枝的观点，土巡检不再组织男丁充当弓兵，是因为这些人付了劳役钱，不再亲身服役。参见连瑞枝：《土酋、盗匪与编民——以云南山乡夷民为核心的讨论》，载《历史人类学刊》第13辑，30页，2015。

实物，以维持生计。用于向山区推广王朝管治的政策，比如对非汉社群首领绥抚、招募土兵、建设卫所以及征收税粮，等等，都出现了反噬。并未使内边区域更为稳定，相反这些做法加剧了坝区和山区之间的紧张关系。[①]

劫掠者的破坏是有序进行的。李元阳在《铁索川平贼记》（可能写于 1573 年）中就提出了这一点：[②]

> 楚雄郡东北界，其田膴美，其人善良，其有广屋以居，鲜服以游，然皆仿陋穷蹙不能安其生者。以地邻铁索川，寇盗出没，摽掠伤害，无有宁岁。居人奔走避匿，家畜藏积，委而去之，既而复业，生计已空。但得不毁室庐，斯幸矣。盖自有郡以来，岁岁恒然也。当路悯民疾苦，未尝不以为忧。然贼地广，临三郡之界，纵横二州四县之间，[③]乱山如沸，邃箐如井，林樾参天，荆榛塞路，巉嵲险阻，势难驰骋。

劫掠者抢夺牲畜谷粮，但未破坏房屋。如无片瓦遮头，村民将流离失所。因此，为了确保村民留在原地，山区首领通常会留下部分物资给村民，以便恢复生产生活。这样一来，当劫掠者下次来时，就又有东西可供

---

① 连瑞枝：《土酋、盗匪与编民——以云南山乡夷民为核心的讨论》，载《历史人类学刊》第 13 辑，39—40 页，2015。

② （明）李元阳：《铁索川平贼记》，见《李中谿全集》卷 7，22 页—23 页，载《云南丛书》卷 21，11262—11263 页。明朝官员发起了两次针对盗贼的讨伐战争，一次在隆庆末年（1572），另一次在万历元年（1573）。

③ “三郡”指大理、楚雄和姚安军民府，“二州”为姚州和宾川州，“四县”则是云南县、大姚县、武定县和元谋县。

抢夺。抢夺战利品、敛财、收取保护费所带来的利润帮助维持内边的社群。长期的劫掠依赖着对坝区社群的持续接触。劫掠行为非临时起意，而是由山区首领通过十王联盟计划组织的。因此，当坝区—山区易物系统崩溃时，劫掠作为一种维生的方法，就具有更高的重要性。

（二）妨碍根除劫掠的因素

明朝为何需要200年的时间才能征服内边？在相关的多重因素中有很多和明朝的国家政策紧密相关。在此，讨论其中的3个因素：阻绝与国家政策，坝区—山区贸易机制的改变，以及王朝官员的态度。

1. 阻绝与王朝政策

中国西南地区和东南亚的山区社群均处在远离王朝权力中心的坝区。滇西的内边也不属例外，李元阳就曾提及，地理上的阻绝是妨碍根除劫掠的一个原因。对此，他作出如下阐释：[①]

> 明制域民以省、道、郡、县，广狭相临，大小相维，井井秩秩，宜若无敢奸于轨者。然而两省接壤之处，列郡交界之区，政令之所不及，轺轊之所不经。阻险负固，协众聚党，必有凶孽巨盗潜伏乎其间。

崎岖的地形阻碍官员在内边建造行政设施。山区首领利用无数与省府接壤的山地“阻险负固”防止外来侵扰。在前引《铁索川平贼记》中，李

---

① （明）李元阳：《姚安职盗公馆壁记》，见《李中谿全集》卷7，23页，载《云南丛书》卷21，11263页。

元阳强调“贼地广”，且注意到山区首领利用其在明朝行政边界的位置。此种战略令山区首领得以锁定明朝控制范围周边的脆弱坝区为目标。或者，劫掠者可以轻而易举地从其基地遁入明朝军队无法攻入的山中。山区首领通过保持自身与外界阻绝的方式维持着其自治。地形阻碍着明朝法律和秩序标准的执行。

来自不同要塞的山区群体通过紧密合作策划的行动，制造了难以克服的挑战。何孟春在正德十六年五月十七（1521 年 6 月 21 日）的疏奏中解释说，当劫掠者出动时，“各巢素皆结亲党，出则彼此相应，其锋莫敌。入则散居巢穴，其踪难追”①。此种行动完成之后立即四散的游击策略，使得劫掠者的行踪更加难以追查。

2.“坝区—山区”贸易的调整

16 世纪明朝行政管理向内边边缘部分的延伸以及食物的短缺，造成了更为强烈的对立，迫使山区首领更频繁地展开愈来愈激烈的劫掠。在此，笔者提供证据支持“食物短缺是由坝子—山区贸易地调整所造成的”这一观点。将短缺归因于新税制度的推广，以及对于贸易的限制。

明代，在内边边界的坝区民众用谷米交换食盐。山地民则通过此种易物机制来补充食物供给。② 根据李元阳所述：“近郡之夷，名罗罗，僰夷，

① 何孟春：《何文简疏议》，见《文渊阁钦定四库全书》卷 7，7 页上。

② 连瑞枝：《土酋、盗匪与编民——以云南山乡夷民为核心的讨论》，载《历史人类学刊》第 13 辑，23—27 页，2015。

散摩都，强悍好斗。交易用盐米，一日一小市，五日一大市。”[①] 李元阳尚写道：“宝关山：在司治（姚安府治）西一里，势高百仞，以其通盐路之要路，土人名曰宝关，盖以盐为宝也。”[②] 姚安府民众使用内边边界上的山间通路运送食盐，反映出食盐对于山区社群的重要性。尽管在环绕着内边的坝区很普遍，但当明朝向山区实施新政加重山民负担、征收税粮时，此种交易模式随即被破坏。

有史料言及嘉靖时期对于坝区和山区间贸易的限制。在纪念澜沧兵备副使姜龙事迹的碑志中，杨慎（1488—1559）称颂了姜龙深入姚安内边进行招抚的勇气。杨慎的记叙证明了山区社群是因为食物短缺而被迫抢劫，并且强调，因为缺乏和明朝官员申诉的途径，无法表达不满的常规方式：[③]

> 前此我辈下山即执，诬指为贼，闭箐深居，又难以得食，求活之道，非劫无由也。生未尝见官莅此地，亦不曾闻此言，有苦莫伸。

据该碑，坝区民众将山区民污名化作盗贼，并阻隔了山区民获得谷粮的途径。对食物的需求推动劫掠行为，但王朝官员对此依然毫无察觉，因为官员在征服前从未亲身到访过内边中的此区域。王朝官员仅在到访山区

---

① （明）李元阳：《万历云南通志》卷 3，45 页，总第 324 页，北京，中国文联出版社，2011。

② （明）李元阳：《万历云南通志》卷 3，44 页，北京，中国文联出版社，2011。

③ 参见《兵备道姜公去思碑》，见云龙总纂、芮增瑞校注：《姚安县志》，收入《楚雄彝族自治州旧方志全书·姚安卷》，1898 页，昆明，云南人民出版社，2005。

社群之后才察知这一因果关系。明朝开始施政增进了山区居民接触市场的机会，因为王朝对山区居民和对编户民一视同仁。杨慎对这一改变表示称颂曰："自是，群蛮出箐为市，无异编民。行商宵征，哨堡晏寝，百年来未之前见也。"①

贸易市场向山区民众的开放缓解了食物短缺，从根本上解决了劫掠，因此给区域带来了安全。此种和平的情况持续了多久，抑或是否只是杨慎的美好想象，都和论点无关；真正有关的是，对于坝区—山区贸易的干涉导致了山区居民的食物短缺。

关于贸易市场所扮演的角色，出自李元阳之手的一方记录对内边西南道征服事迹的碑文中得进一步的证据。该碑名为《宾川平盗记》，落款日期为嘉靖三十四年六月十五（1555 年 7 月 3 日），碑文记录了在盗贼旧"巢庐"建造官署的细节，以及将贼匪改造成顺民的措施：②

藉其人以为我兵，教其幼有同己子。外以粮饷答其功，内以拘致访其邪计。为之立市，以通有为。许以行为盐，任其负载。自新更始，则立罢追之条；足食足兵，再下社仓之令。

其中第一个措施是要求山区男丁加入土兵，防卫来自内边未征服区域山地组织的侵袭。第二个措施致力于引入一个贸易机制以缓解食物短缺，

① 参见《兵备道姜公去思碑》，云龙总纂、芮增瑞校注：《姚安县志》，收入《楚雄彝族自治州旧方志全书·姚安卷》，1898 页，昆明，云南人民出版社，2005。

② （明）李元阳：《宾川平盗记》，见杨世钰、张树芳编：《大理丛书金石篇》卷 10，91 页，北京，中国社会科学出版社，1993。

其纲要尚包括了建立市场和准许食盐贸易。连瑞枝提出，此方碑记显示出，明朝在1554—1555年间为谷米和食盐的贸易设置了障碍，从而阻止了山区居民参与坝区的贸易网络。[①] 因为无证据显示明朝完全禁止了与内边的贸易，所谓的障碍可能仅是针对食盐而言。假如官员限制山区民众获取食盐渠道的话，山区居民会失去可用于和坝区人民交换谷米的重要物资。

3. 明朝官员的态度

在李元阳眼中，官员的消极态度也为劫掠势态扩展贡献了一份力量。尽管位于深山中的要塞带来了补给上的挑战，然而此本身并不是无法克服的难题，毕竟明代早期在滇西驻扎了大量部队。在《宾川平盗记》中，李元阳诠释了明朝官员的思维模式。考虑到其内容对于论点的重要性，兹引长文如下：[②]

> 事有大而眩于利害者，以小忽之；功有难而明于缓急者，以易成之。宾川诸箐之盗，滇西半省被其患。商旅恐于途，农民怨于野，扶老携幼、负釜而避匿者，相属于村墟。一岁之中，盖一再焉。兹其事大乎、小乎？国家为之建侯置守，筑城设卫，又为之酋领擒捕不已，又为之番戍立御，瞿瞿营营，不遑寝息。兹其功难乎、易乎？然而，禁越密而盗越滋，法方立而悔已至，此

① 连瑞枝：《土酋、盗匪与编民——以云南山乡夷民为核心的讨论》，载《历史人类学刊》第13辑，43—44页，2015。

② （明）李元阳：《宾川平盗记》，见杨世钰、张树芳编：《大理丛书金石篇》卷10，91页，北京，中国社会科学出版社，1993。

其何故哉？眩于利害之过也。方盗之起也，有言动众，则曰“费无从出”；有言诛剿，则曰“咎将谁任”；有言深入，则曰“启衅速祸”。遂使智者失谋，勇者丧气，姑为弥文以自塞责。是故，戍御于百里之外，盗逸而御不知；责捕于邻境之官，官旋而盗已出。塞东漏西，顾前失后。卒之，欲省费而费反倍，欲省力而力愈劳，欲免祸而祸不已。故曰“眩于利害，忽大为小”也。

简而言之，明朝官员的担忧并未伴随着夯实的计划和协同的努力。李元阳将官员的不作为归纳两个原因：首先，所谓“费无从出”，官员声称经费不足。此原因站不住脚，因为明朝在当地防卫上已投入大量资源，“建侯置守，筑城设卫”，以防备来自内边的劫掠者。有一个格外值得注意的事例，即弘治七年（1494）在今宾川县坝区为大罗卫州城修建的四门城墙。[①] 一方嘉靖三十四年（1555）由萧缙所立的碑刻记录了官员为终结劫掠行为所采用的民政和军政措施：[②]

弘治（三年，1490）庚戌，大肆猖獗，居民甚苦之，屡有辞于当路，继而上干宸听。乃命抚镇[③]诸司[④]佥议之，于地建（宾

---

① 据《明实录·孝宗实录》（2737 页），批准兴建宾川州和大罗卫的诏令颁发于弘治六年四月初八（1493 年 4 月 23 日）。

② 该碑题为《重修大罗卫记》，见杨世钰、张树芳编：《大理丛书·金石篇》卷 10，93 页，北京，中国社会科学出版社，1993。正德五年（1510）的《正德云南志》同样记录了这里的市政建设；参见彭纲、周季凤：《正德云南志》，177 页。

③ 原文作“抚镇”，但此处应为“镇抚”之误。

④ 此处的“司”指布政使司及按察使司。

> 川）州设卫，调澜沧洱海卫所，分布左右[①]，全师徙守州。割赵州、太和、云南附近之民，分里一十有二。

按一里有110户，因此官员迁徙了1320户。据《正德云南志》的记录，被转移民户的原籍：其中990户（9里）来自太和县，110户（1里）来自赵州县，220户（2里）来自云南县。[②]

明《孝宗实录》描述弘治六年四月初八（1493年4月23日）由未编户的罗罗所引起的动乱：“大罗城诸种夷罗所聚，盗贼所穴，官军疲于戍守，民夫困于转输。”[③]来自罗罗的侵袭所造成的长久危险，导致了弘治七年（1494）宾川州的创设。为了建立社会秩序，官员建造了一个军事设施，将邻近之云南县（洱海卫）和北胜州（澜沧卫）的军队调动至此。官员甚至用今大理、凤仪和祥云等地的编户充实新州人口，将其编为里甲，十户为一组，分担赋税徭役。然而，事实证明仅仅有城戍和卫所是不够的。为建立完善的防御，必须妥善策划深入内边的军事行动，藉此根除劫掠。

一想到可能会溃败，官员就踟蹰不敢发动军事行动。官员为自己对于职责的恐惧发声，问道：“咎将谁任？”前引萧缙的陈述中提到“屡有辞于当路，继而上干宸听”，反映出官员在及时处理此类事务时所表现出的不

① 参见《明实录·孝宗实录》（1385页），弘治六年四月初八（1493年4月23日）记录了附加之“左右千户所”。

② 彭纲、周季凤：《正德云南志》，161页。

③ 参见《明实录·孝宗实录》，1385页。

情愿。事实上，官员用了 4 年的时间（1490—1494）去加固宾川州的防御工事。

正如在 1573—1574 年战争中那样，组织深入内边的大规模远征需要民政、军政和土官之间的紧密协作，并且须依赖良好组织的后勤支援才能成功。李元阳将对于失败的恐惧单独列为官僚冷漠的原因，正是因为此类行动极为复杂，需要官员和土官之间的同步协作。官员选择安全战略，不做任何可能威胁其职业生涯的决策，小心翼翼地维系着现状。官员的谨小慎微阻碍了对劫掠的根除。

尽管对官僚提出了尖锐的批评，李元阳也提到了一些值得表扬的人。例如，在其《白崖土城记》中，李记叙了一位积极的张姓官员。明朝于嘉靖元年（1522）在白崖甸（在今弥渡县东北）驻员，以“督捕盗贼，控驭土官”。与期望相反，此一举措结果令情势恶化。劫掠升级，尽管有无数人请愿在白崖筑城墙，直到嘉靖四十三年（1564）张大人到任，此事才有官员处理。张大人为白崖筑墙固防，武装民众，并训练了 1000 名壮夫负责守御。根据李元阳的记载，张大人的举措——尤其是组织当地防御——确保了当年“（白崖）三百里之内，寇盗莫敢近”。[①]

官员的消极态度使得劫掠现象长久不止。官员的担忧，例如需要节省开支、削弱士气、制造一种仅要什么都不做就可以“自塞责”的氛围。尽管不是他们的本意，但官僚迟缓、谨慎和不作为无意中逐渐形成了一种无干涉态度，实际有利于来自山区的劫掠者，让他们有时间逃逸。此种局势令李元阳得出“欲省费而费反倍，欲省力而力愈劳，欲免祸而祸不已”的

① （明）李元阳：《白崖土城记》（未署日期），见《李中谿全集》卷 7，52 页—53 页，载《云南丛书》卷 21，11277—11278 页。

结论。地方官员的无干涉态度本身在实质上延长了劫掠的存续。

六、鲁魁山的首领：约1671—1724年

詹姆斯·斯科特在《逃避统治的艺术》中提出的论点是基于一个预设前提，即中国南部、西南和东南亚地区共享一种通适性的政治和社会文化，超越了族群的差异，也凌驾于他们所抗拒的坝区政权的体量。在斯科特的预设中，此种一致性令书写山区族群的综合历史成为可能。笔者已指出坝子政治权力规模中的多样性——更不用提山区社群本身的结构——会令斯科特的论点在很大程度上值得质疑。[①] 通过研究坝区—山区关系的史例，并整理分析证据，我们可以找出在特定环境下坝区与山区社群共同的地方。除了铁索箐，云南境内其他幅员不一的内边也给明朝国家制造了各种麻烦。例如离永昌府城——通往缅甸路线上的重要行政中心——仅100里的两个蒲人（孟-高棉语族群）村落，游离于明朝统治范围以外达2个世纪。尽管这两个村庄也对坝区实施劫掠，但明朝直到万历十四年（1586）才征服了此地蒲人，已经是铁索箐败亡后11年了。[②]

---

① Christian Daniels. Introduction: Upland Peoples in the Making of History in Northern Continental Southeast Asia, in Southeast Asian Studies, Vol.2, No.1, April 2013,pp.7–8.

② 对这两个村庄的征服记录在一方万历十五（1587）年碑刻《恤忠祠记》的附文当中，作者是李士达，官任按察司分巡金沧签事，参见唐立：《云南西部少数民族古文书集（1577—1943）》，249页，东京，东京外国语大学アジア·アフリカ言语文化研究所，2011；另参保山市文化广电新闻出版社编：《保山碑刻》，134—137页，昆明，云南出版集团公司，云南美术出版社，2008。

为了强化对滇西内边性质的理解，将铁索箐和鲁魁山的例子对比。鲁魁山位于哀牢山脉，处在新平县边缘，在明末清初此深山居民为彝族先民首领所统率。该比较研究的目的是为了将支持铁索箐山区首领的政治组织放在一个更宽广的语境中，并展示山区首领的有组织劫掠在云南的盛行。①

由于地理上的阻绝，鲁魁山在流官直接管治的范围和土官辖下领地的边缘构成了一个内边。自 17 世纪早期——甚至更早开始，鲁魁山因作为滋养骚乱的温床而著名。②鲁魁山的彝族首领劫掠其山地北、东、西三面受流官管辖的坝区。当清朝官员发动攻击时，鲁魁山“野贼”向南逃窜，进入土官和其他非汉首领的辖区，使王朝官员无法追踪。③在从前的研究

① 关于鲁魁山的叙述系基于唐立：《雍正七年云南车里宣慰司管辖山区族群及改土归流》，载《清史论丛》，88—117 页，2019（38）。

② 在天启四年（1624）十月初十的一封名为《新平剿贼报捷》的疏奏中，云南巡抚闵洪学报告了明朝军队对于鲁魁山盗贼的平定，后者从 1623—1624 年顽抗了将近 1 整年的时间。滋扰始于一场由约 600 人的劫掠，从新平县宝秀街周围一带开始，于天启三年闰十月初六（1623 年 11 月 27 日）到石屏州；参见闵洪学《抚滇奏草》，引自日本内阁文库藏天启六年原版，东京，卷 5，60—62 页。另《明实录·熹宗实录》（2492—2496 页）载有疏奏摘要。

③ 蔡毓荣（？—1699）是一位汉军正白旗，于 1682—1686 年任云贵总督，蔡毓荣记载了山区首领（被称为“野贼”）如何利用其在鲁魁山的战略位置来集结劫掠再逃离清军追捕：“鲁魁在万山之中，跨连新嶍蒙元景楚之界，绵亘广远，林深箐密，其内则新平、新化、元江、易门、磣嘉，南安、景东一带地方，贼皆可入，其外则车里，普洱，孟艮，镇沅，猛缅、交阯一带地方，贼皆可出。故防之甚难，而剿之亦不易也。”参见蔡毓荣《筹滇第八疏》，收入范承勋、王继文等编：《云南通志》卷 29《艺文》第三（36 页），引自东洋文库藏原本，东京，1691 年。

中，笔者注意到了两个事实因素阻碍了清军逮捕鲁魁山首领。首先，鲁魁山众首领维系着逃亡路线。其次，因为清朝在鲁魁未确立任何永久官署，山区首领在清军撤走后又会回来继续劫掠。①

在滇西的内边，明朝仅委派了十王之一的罗勤快出任官职。在鲁魁山，四位山区首领皆出任清朝的土官。山区首领与清朝的合作可追溯到1672年，在吴三桂（1612—1678）于1674年举兵反清自封周王之前。山区首领率领的劫掠从1671年持续到1724年，此50年的跨度覆盖了从吴三桂政权到云贵总督鄂尔泰对非汉社群行政统治收紧的经过。鲁魁山的首领在一个社会动荡的时间段内出现在官方文献上。

试图控制劫掠的吴三桂在1672年给鲁魁山的四位首领授予了军官头衔。在伪周政权覆灭之后，清朝于1682年重新封四位首领为土官。清朝任命杨宗周为土副将，普为善、方从化、李尚义为土都司。新任云贵总督范承勋（？—1714）在康熙二十六年十二月（约1688年1月3日至2月1日）核准了四位首领在土官层级中的官位，颁发了新官印和官衔。杨宗周此时成为新平县的土县丞，而普为善、方从化、李尚义为土巡检。

将这四位首领收编入土官系统，并未能终止劫掠。方景明和普有才（应该是方从化和普为善的族亲）甚至大胆到在1723年为了私怨围攻元江府城，并行杀戮。在鲁魁山首领的理解中，对于清朝的臣服仅是仪式性的姿态。因此，他们向代表坝区政治权威的清朝官员的归降并不保证服从。山区首领的态度与清朝官员的设想大相径庭，并不认为归降和劫掠行为之

---

① 参见唐立：《雍正七年云南车里宣慰司管辖山地族群及改土归流》，载《清史论丛》，102—108页，2019。

间是矛盾的。即使康熙三十年（1691）李尚义因为向当地民众征收财货而被免去土官职衔，然而此举对其他首领未能起到威慑作用，他们依然向坝区居民征敛。

在鲁魁山，可确认一点和铁索箐类似，山区首领通过劫掠来维持生计。鲁魁山首领通过强加于民众的征敛获得收益。此种操作始于吴三桂时期颁发军事官衔以交换岁贡“皮盔银两”的政策，与赋税征收相似。吴三桂批准向当地民众征收银两以购买皮盔，允许他们保留结余银两作为自己的“收入”。军事官衔无疑增进鲁魁山首领的地位和特权，而吴三桂的授权则令他们得以更为便利地接触坝区资源。

当时，蔡毓荣（？—1699）任云贵总督（1682—1686 在任），他留下了一份关于 17 世纪 80 年代初期鲁魁山首领强行征敛的详细描述：①

> 纵贼四出，每村给一木刻，派定保头银十数两、二三十两不等，猪羊鸡酒，索取无厌，稍有不遂，劫杀随之。于是流离之民，暨相近野贼之民，乐于附贼为盗。八年之久，招集亡命愈多，全滇各府州县村庄听其索保者十之八九。

清朝将鲁魁山首领视为顽固、贪婪的强盗。在吴三桂于康熙二十年（1681）败亡后，首领依然持续征敛和随机劫掠，因为他们认为清朝恢复土官职位等于当局认可其过往的行为。首领需要劫掠和“保头银”来支撑

---

① 蔡毓荣：《筹滇第八疏》，见范承勋、王继文等编：《云南通志》卷 29《艺文》第三，37b 页，康熙三十年刻本。

其与日俱增的随从数量。在当时，清朝缺乏足够的资源来采取针对鲁魁山的有效行动。

鲁魁山首领得以逃脱清军追捕的三大主要原因：地势地形、与土官的联姻以及特赦。云贵总督高其倬在雍正二年四月十九（1724 年 5 月 11 日）的奏折中提到了上述几点。高其倬注意到，尽管清朝势力从三面包围了哀牢山，然而山区首领还可以轻而易举地从第四面逃入威远土州、镇沅土府和车里宣慰司地辖境。高其倬解释了山区首领如何利用地势地形、联姻和特赦来维持自身处于清朝国家权力范围以外的：①

> 哀牢一山，各州县营汛环其三面，其西南一面则系威远土州、镇沅土府及车里宣慰司之地，而威远尤当冲要。贼人无事之时，与土司及其子弟头人皆结婚姻，或拜为父子，或盟为兄弟；一经有事，官兵三面进攻，贼即从土司一面逃出，土司即行护庇藏匿，或纵出境外烟瘴之地，令官兵难以前往查捕。督抚亦往往以旷日持久、恐干处分，姑以免罪招安，且了目前之局。而此辈借此一招，复归内地仍前害民。皆因从前不肯直穷到底、是以贻串至今。

无论真伪，婚姻关系都保证了鲁魁山首领可以在危急时刻得到土官的保护，或是提供庇护，或是帮助首领向南逃离至今天的缅甸和老挝北部。高其倬强调，通过赦免叛逃的首领，清朝官员制造了一个逃窜—折返—劫

---

① 台北"故宫博物院"编：《宫中档雍正朝奏折》第 2 辑，498—499 页，台北，台北"故宫博物院"出版社，1988。

掠的死循环。以清朝观点视之，正是迟疑、不果断采取行动才令此循环得以长期存在。清朝官员在处理山区首领的消极态度上与 16 世纪滇西明朝官员如出一辙。所有官员都选择更为轻松的做法。

鲁魁山和铁索箐的例子揭示了两处内边首领之间的共通点。首先，两个群体的首领均拥有不接外世的要塞，以及对坝区组织大规模劫掠。地势地形令铁索箐坚不可摧，因此在近 200 年的时间内，铁索箐既是避难所，也是内边。就鲁魁山的情况而言，清军一度攻破内边，仅能暂时停留，因为存在逃逸路线可供首领通往清朝辖境以外、东南亚边缘地带的避难所，清军在 50 年间均未能实现对鲁魁山贼众的征服。明清时期仅有邹应龙、鄂尔泰此种坚毅果断的官员强而有力的主理地方政务才能建立起对内边的控制，有效地协调组织大规模军事行动。

有关铁索箐和鲁魁山区组织劫掠的数据显示出，尽管是隔绝的，然而山区在生存问题依赖于坝区。铁索箐和鲁魁山的首领号令着大量武装部署，有系统地劫掠坝区，并长期向村民索取谷物和银钱以换取“保护”。鲁魁山首领使用“每村给一木刻”的方法辅助征敛。铁索箐和鲁魁山的首领散发着活力，并且表现出一种能够组织民众向坝区获取收益作为生存策略的能力。十王联盟揭示了一个有将相官员的铁索箐政权的存在，这个山区政权甚至模仿中原王朝颁制官印兵符，显然，根据本研究所揭示的事实，铁索箐的政治体系正好说明了这是一个与斯科特构想的那种“坝区政权劫掠山区以奴役山民和获取其他资源”的假定相矛盾的情形。

七、结论

洪武十五（1382）年后，在明朝的治理下，云南地区重获秩序。然而，此番秩序由流官、世袭土官以及内边的山区首领三者所组成，其形式不易简单标签化。由于明朝尚未能够在云南全地施行直接统治，长期以来不得不与非汉社群的首领分权共治，但是如此共同管制的体制并非简单的流官与世袭土官之间的相互杂糅。这一情形说明，一方面明朝的国家体制体认到自身有限的统治力量，另一方面这样的政治体制设置也自然延长了铁索箐内边政治力量的存在时间。显然，内边的存续否定了有一大群山区民众为逃避国家统治的设想，其存在同样削弱了将山区社群视作无政治控制区域的笼统分类。铁索箐和鲁魁山的山区社群拥有其首领，各社会也有一定程度的行政组织。其首领组织其社群积极参与坝区社群以获取生存物资。此种参与包括了暴力，尤其在明清官员限制山区民众获得坝区资源的时期。山区首领选择劫掠是为了支援其社群。然而，在此过程中，山区首领并未表达出任何要推翻明朝、建立新王朝的愿望。首领只想在不臣服于外来政治力量的前提下维持自身社群的生计。首领采用王权观念，是其对于社群生活方式所面临的与日俱增之威胁的回应。直到劫掠加剧、铁索箐首领自称为王时，明朝才采取了果断行动。16 世纪下半叶在中国西南地区爆发的多次叛乱，给一直对向内边采取军事行动持消极态度的官僚氛围敲响了警钟。到此时，明朝不再容忍普遍存在的滋扰坝区社会的劫掠行为。因此，明朝发动了一场军事征讨，明确了对内边的统治。

通过以上论述，可以清楚认识到，内边对滇西的历史有着深远的影响。首先，铁索箐的内边限制了滇西精英所推行的社会改造。本研究证实了明朝在滇西的治理与同时代之广东、贵州、湖南等处内边的相似之处。在洪武十五年（1382）之后，明朝继承了元朝和段氏总管所直接控制范围的统治权，并将坝区社群的成员转化为编户民。然而，明朝未能将户籍和里甲制度推广到所有土官辖区和内边的山区社群。在明代前 200 年中，流官行政管理在很大程度上局限于坝区的编户民，而滇西精英所推行的社会改造模式和 15—16 世纪珠江三角洲的情况相似。

其次，铁索箐的个案说明了内边的隔绝性，同时也揭示了试图通过土官代理管治内边的困难程度。滇西的族群态势（ethnoscape）迫使明朝任命土官治理那些不适合由流官进行直接行政管治的当地人口。但是内边的社群一直与王朝规范和实践保持着极远的距离，以至于明朝就连与其首领联络也有困难。明朝官员借用“以夷制夷”的古老原则，在 15 世纪末 16 世纪初委派姚安府的高氏土官治理与铁索箐接壤的内边边缘地带。由于山区社群未将高氏土官视作其领主，这一安排终告流产。被委派治理内边的高氏家族成员后来在隆庆时期（1567—1569）将山区首领卷入其他土官的权力斗争。这一结果证明了通过土官治理内边的内在危险：土官的亲属可能为了自身利益操纵唆使山区首领，在其过程中引起广泛的动荡。

第三，万历初年（1573—1574）讨伐铁索箐之战揭示了明朝依赖土官程度之重。大量的土官军士在前线作战，这一点强调了依赖的程度。土官从其领民中聚集士兵，而土官兵构成了所调动明军的主体。元朝利用了逊位之大理国段氏王族的权力和地位，管治滇西的非汉族群。段氏王族被任命为段氏总管，转型成为滇西最有权势的土官。① 明朝开国皇帝朱元璋废除了其官署，选择不通过段氏的中介来治理非汉族群。尽管明朝将大理周围大多数的坝区均纳入了流官的辖境，然而族群态势迫使明朝任命非汉族群的首领为土官，以治理特殊山区和坝区，丽江的木氏土官和蒙化的左氏土官就是其中的佼佼者，亦可见土官是明朝在滇西统治的中流砥柱。

第四，内边的顽强存在构塑了汉族移民的历史。在滇西坝区驻戍的汉族军士及其家人反映出15—16世纪明朝统治范围的局限。明朝在战略位置建立了城戍，有时甚至会在土官的辖境之内。然而，明朝还无法有效控制内边。汉族军士的永久定居起到了稳定坝区社群的作用，此无疑使元代向明朝初期的过渡变得顺利。但是，正如连瑞枝所指出，事实证明戍防部队和土巡检在保卫通衢大道沿线要点方面效率低下，且未能在14世纪末和15世纪中成功根除劫掠。② 史家已经强调了美洲作物——例如玉米和甘薯在16世纪后“开拓”中国西南地区山区以供汉族农耕和定居过程中所扮演的角色，并且将美洲作物的种植视作令汉族迁居山区成为可能的一个

① 有关段氏总管的讨论，参见唐立“元朝对金齿百夷及其以南土官地区的设治新证”，载《历史人类学学刊》19卷第2期。

② 连瑞枝：《土酋、盗匪与编民——以云南山乡夷民为核心的讨论》，载《历史人类学学刊》第13辑，19—56页，2015。

因素。[①] 云南的坝区人口因为 18 世纪人口爆炸而引发的大规模迁徙而趋向饱和，大量的汉族移民从坝区徙往云南边疆土官辖境内的山区，有的最终去了上缅甸和老挝北部。[②]

---

① 这一观点始于 Ho Ping-ti 何炳棣，“The Introduction of American Food Plants into China”, American Anthropologist 1955, 57: 2, pp.191–201.

② 野本敬和西川和孝:《汉族移民の活动と生态环境の改变》，见唐立编:《论集モンスーンアジアの生态史》第二卷《地域の生态史》，15—34 页，东京，光文堂，2008。

段氏土司与滇西河谷的交通体系[①]

赵敏[②]

土司制度是国家体制中西南边疆的重要制度，王朝中央经略边远地区，因不同地区的社会经济和文化差异，授权当地首领统治当地，世袭职位。元朝建立云南行省后，任用当地首领为路、府、州、县的世袭土职，明、清仍沿袭旧制，确立了一套承袭、纳贡和驱调的方法，并逐渐在条件具备的地区推行“改土归流”，将土官政府改为流官管理。[③]土司制度的建立，使得多民族聚居的边疆总体上实现了社会安定、生产发展的局面，巩固了边防[④]。近年来针对西南边疆土司制度的研究，深入剖析了明末以来形成的“直隶府州县”与“外夷府州县”之间的区别，特别是行政区划中的“内”“外”差别形成的原因与条件。论者指出，“三江之内”与“三江之外”的地理分界，无论从行政体制上还是从地方文化上看来，其差异即意味着边疆秩序中内外之别的建立。“内”与“外”分类方法，逐渐成为以澜沧江、怒江或金沙江、独龙江为地理框架的横断山区地方社会和政府官

---

① ［基金项目］云南省哲学社会科学创新团队“云贵高原坝子社会文化研究创新团队”阶段性成果。

② 赵敏，大理大学图书馆主任编辑。

③ 方国瑜：《中国西南历史地理考释（下）》，1077—1095 页，北京，中华书局，1987。

④ 龚荫：《元明清王朝土司制及其历史作用与流弊》，载《贵州民族学院学报》，32—38 页，1993（4）。

员共同接受的地域性秩序。[①] 此外，沿“三江”为界的“内”“外”差异不仅表现在政治体制上，也成为区域文化与人群身份的差异的基础，并逐渐形成了一系列相关的标志性类分体系。[②] 此外，盐课在明清云南财政中一直占有重要地位。有研究指出，盐政管理的变化成为雍正时期清廷积极推行“改土归流”的重要因素。[③] 本文认为，滇西在明清时期基于地理特征、地方文化和政治体制上的差别而形成的“内外”之别，虽然在一定程度上维持着边疆的社会经济秩序，但是在长期的边疆社会建构过程中，文献中讨论的“内外”关系及其差别在地方的社会实际运作中影响有限，不宜夸大。实际上，地方土司体制与盐政的结合，不断促进了跨越澜沧江、怒江等生态与地理限制的地方社会网络的发展，跨越“三江”的区域性整合的社会力量仍然非常强大，云龙段氏土司的扩张，就代表了这样的区域性地方整合力量的发展。明代后期，随着段氏的兴起，在滇西山区、坝子与河谷地区相联结的广阔区域，食盐贸易与交通网络相配合，跨越“三江”的综合性区域性力量逐渐发展起来。显然，段氏土司的扩张不断突破了前述“内”“外”关系的局限，段氏土司逐渐将跨越河谷和山区的横向经贸网络体系，从云龙盐井区域延伸到了独龙江流域。也就是说，段氏土司的例子，突破了我们所讨论的横断山区沿大河流域分割、凸显社会文化上的

---

① 刘建莉:《边地秩序：明代云南西南边疆地区的“内”、“外”之别》，见《中国边疆史地研究》，第 30 卷，36—46 页，2020。

② 王春桥:《明清云南西部边地土司“内外”分际的历史过程》，见侯甬坚主编:《中国历史地理论丛》，第 34 卷，第 1 辑，85—91 页，2019。

③ 谢祺:《雍正年间云南的盐政整顿与改土归流动因》，载《广西民族师范学院学报》，2020，37（1），10—14 页。

“纵向差异”的“内外”分割模式。段氏土司的分支网络及其所控制的交通网络体系，将跨越了河谷和山区，将滇西边疆的坝子与交通线交织而成的社会经济和文化影响力扩展到了独龙江上游区域。因此，明朝后期发展起来的段氏土司体系成为推动边疆实现区域整合的一个范例，这一过程揭示了明清时期滇西社会整体性发展的一个与“内”“外”分割相配合、相补充的重要面向。

明洪武十四年（1381），明朝大军挥师云南。十五年（1382）沐英攻大理，拔其城，元朝在西南边疆的总管段氏就擒，设官立卫守之①。是年（1382）二月，置云南都指挥使司，及云南等处承宣布政使司，领府五十八，州七十五，县五十五，蛮部六。后领府十九，御夷府二，州四十，御夷州三，县三十，宣慰司八，宣抚司四，安抚司五，长官司三十三，御夷长官司二。②

明季永历帝据云南以抗清师，顺治十五年（1658）降将吴三桂入滇；翌年永历走缅甸，云南始入于清，并沿明制置承宣布政使司。康熙六年（1667）设云贵总督，十二年（1673）三桂叛，二十年（1681）平之。雍正三年（1725）鄂尔泰以巡抚治云贵总督事，内地土司多改设流官，西南大定。云南省领府十四，直隶厅六直隶州三，厅十二，州二十六，县四十一，又土府一，土州三，土司十八③。有清一代，在开疆拓域过程中，土司或以合并而废除，或因改流而革除。直至民国二年（1913），云南省

① 《明史》卷126《列传第十四·沐英》，3757页，北京，中华书局，1974。

② 《明史》卷46《地理志》，1171页，北京，中华书局，1974。

③ 《清史稿》卷74《志第四十九·地理二十一》，1573页，北京，中华书局，1977。

政府批准将怒江流域的六库、老窝、登埂、卯照、鲁掌等 5 土司的领地合并，成立泸水行政委员区，后改为设置局建制，但仍保留土司制度，实行土流兼治，各土司任区长，区镇公所的公务人员由土司聘用，保甲长由土司委任。①

上起元代，远自明初，滇西土司祖孙父子转相授受，有长达七八百年的，这是中国历史上的一种特殊制度。历代中国朝廷对待土司，则赐恩绶印，委以官衔。土司如若服从朝命，奉正朔，如期朝贡，则朝廷向土司征派差发外，亦别无苛求。滇西边疆诸土司亦多奉命惟谨，若有违命者，朝廷必兴师征讨，使其归服。八百年来，中国朝廷守此一贯政策，从不少变。明朝在云南设置土司，总体实施的是“三江（澜沧江、怒江或金沙江、独龙江）之外宜土不宜流，三江之内宜流不宜土”的方略。“盖滇省僻处西南，与藏卫、缅、越、暹罗接近，沿边各地，种族繁多，语言歧异，兼以境域辽阔，山岭纵横，寒暑悬殊，交通不便，统驭深感困难，若以本土人治本籍事，当较便利。……明清则授土司者日众，皆原于边民变乱频仍，虽用兵数平，但为因地因时而制宜计。于是就各族酋长之率兵效顺者，或应募平乱者，论功行赏，分别委以土职、使其子孙世袭，效忠国家，所属部落即归其统治，用固边圉。”②

---

① 云南省泸水县志编纂委员会:《泸水县志》，453 页，昆明，云南人民出版社，1995。

② （民国）龙云、周钟岳:《新纂云南通志》，659 页，昆明，云南人民出版社，2007。

一、明代以来澜沧江、怒江河谷的云龙土州形势

元灭大理国后，仍委原大理国王室段氏总管澜沧江以外的西南边疆。元代，此区域置云龙甸军民总管府，隶金齿宣慰司辖制。“旧云龙甸，至元末立云龙甸军民总管府，并防送千户所，隶金齿宣慰司。”①

明廷于澜沧江以东置云龙五井盐课提举司以专控食盐采制与销售，又于澜沧江以西设置了云龙土州，并让云龙州土官段氏兼管怒江流域的广袤山区。“征南将军屯于佛光寨下，土酋段宝归附，因改为州，隶大理府。”②元明时期，滇西澜沧江、怒江流域广袤千里的高山大川，实质上仍处于部族星散，各为酋长的松散状态。这一广大区域内的部族历来仰赖于云龙五井的食盐，从而形成了以云龙五井为贸易中心的澜沧江、怒江流域民间交通体系。明代大理太和人赵惟精说：“大理郡志载诸属州邑甚详，独于云龙以其地为土州，略举其名而已。然考其舆图，广袤千里，高山大川之包举，幽岩邃壑之藏伏，奇踪灵迹之著见，秦松汉柏之森茂，大有出于寻常闻见外者。至若三崇之雄秀，巖巖作镇，黑水之澒洞，湾湾环抱，千峰拱翼，万脈朝宗，田畴平衍，关锁完固，金碧苍洱之外，罕有其比。不谓僻险榛莽中，忽开此嘉胜。”③

明洪武年间，明军挥师云南，大理国王族段氏在滇省的势力随之尽失，纷纷降而为地方部族之酋长。明朝在云龙地区实行土司制度伊始，将

① （明嘉靖）《大理府志》，10页，大理州文化局翻印，1983。

② （明嘉靖）《大理府志》，10页，大理州文化局翻印，1983。

③ （清康熙）《云龙州志》，“明天启赵惟精未刻稿原序”，美国哈佛大学藏本。

澜沧江、怒江流域的广袤千里边地委之以云龙土州段氏土司，大理国王族后裔段氏的传统统治力量仍然是澜沧江、怒江流域云龙土州的主导力量。“洪武初，傅沐二大将军平云南，孛罗明死，佛光寨破，而段保授土知州，则崇山黑水为段氏窟也。雒马旧为五井提举司，流官吏目一人，视若赘疣，则崇山黑水，一贩夫贩妇之场也。”①

大理国王室后裔，云龙州第一代土知州段保，成功地运用了南诏大理国“王权佛授”“以佛治世”的传统政治策略，在谋取澜沧江、怒江区域控制权中胜出。清康熙年间云龙州名士董善庆在其《云龙记往·段保世职传》中非常生动地记述了这一历史演变过程：②

> 段保，四川邛州威远县人。少随父流寓云龙，与李贯章同佐早氏。贯章枭雄巧诈，夷人称之为神。保正直和厚，夷人因号为佛。早氏灭，保欲为复仇，而势不敌。贯章亦忌保，欲杀之，保实有数万金，散于各头目，自携余赀回里。保去，贯章益横，戮早氏裔几尽，夷人寒心。当是时，值元末明初，海牙据云南，段氏据大理。保在途闻傅友德、沐英已破云南，移兵向大理。保乃返，招集夷兵四十余人，投沐英，随攻大理。大理破，即入云龙，贯章已为诸夷所灭，闻保至，迎而服之。保欲立早氏后，而无其人，夷众亦不许，乃治事。立寨蛇山，始有衣冠，用书记，教人识字。雪山、鹿山、卯山、凤山及穷谷之夷皆来贡物，保令

① （清康熙）《云龙州志》（官修府志），“顾芳宗序”，美国哈佛大学藏本。

② 《云龙文史资料》（第一辑），9—10 页，云龙县政协文史委稿，1986。

从征之士分理之，编各夷入册献之英，夷始通于汉。

大理诸部赋役繁重，避而来者日益众，乃大开田亩，遂科粮，英以闻于朝，明太祖敕赐保云龙土知州印，予世袭。先是保事褒时，夷众惊传有戎装者，乘白马，张黄盖，从者数十人过其境，（早）褒异之，令保迎候，问所诣。其人马上鞠躬曰：“朝新天子，异日当与子共治此地也。”言毕疾去如飞，倏忽不见，访之无踪。得职后值明洪武十六年（1383），普颜笃据佛光寨叛，傅友德檄调（段）保征之。（段）保率夷兵千人与贼战于佛光寨，兵少却，几为贼所获，忽见前所遇言朝新天子者，率骑兵三百余人来救，贼不能当，保乘势追杀，擒普颜笃，剿平其寨。（段）保感助兵致谢，且问其居。其人曰：“我在鸡足山。”言毕而隐。保报功后，至鸡足山访之，土人曰：“此山有鸡足皇帝之神。”（段）保诣祭归，遂绘其像为云龙土主神。人有疾，祷则愈，至今士民祀之。

段保与李贯章共同辅佐云龙土酋早褒时，夷人便把段保称之为“佛”。有“戎装，乘白马，张黄盖”者对段保说快去归附朝拜新朝天子洪武皇帝，“异日当与子共治此地也”。“张黄盖”是皇帝专享的最高礼仪。这专为段保而显灵启示的“戎装，乘白马，张黄盖”者，即为大理国王族的护佑神“三崇建国鸡足皇帝”。《新纂云南通志》说：“云龙州土知州段保，盖元代大理总管段宝之族也。保之祖为云龙酋长，明兵克云南，保率所部归附，从征普颜笃，有功，乃改元之云龙甸军民府为云龙州，遂以保领州事。”[①]元灭大理国后，建立云南行省，但仍委大理国王室段氏管理滇西边疆，任其为元朝大理总管。“段保，盖元代大理总管段宝之族”，段氏远祖即为大理国王室。然而，时世变幻，明朝挥师云南，劝降元朝大理总管时，最后一位大理总管段世抱持的是不与明朝合作的态度。

> 洪武十四年，征南将军傅友德克云南，授段明为宣慰使。（段）明遣都使张元亨贻征南将军书曰：“大理乃唐交绥之外国，鄯阐实宋斧画之余邦，难列营屯，徒劳兵甲。请依唐、宋故事，宽我蒙、段，奉正朔，佩华篆，比年一小贡，三年一大贡。”友德怒，辱其使。（段）明再贻书曰：“汉武习战，仅置益州。元祖亲征，祗缘鄯阐。乞赐班师。”友德答书曰：“大明龙飞淮甸，混一区宇。陋汉、唐之小智，卑宋、元之浅图。大兵所至，神龙助阵，天地应符。汝段氏接武蒙氏，运已绝于元代，宽延至今。我师已歼梁王，报汝世仇，不降何待？”……十五年，征南左将军蓝玉、右将军沐英率师攻大理。蛮兵溃，拔其城，酋长段世就擒。世与明皆段宝子也。……世与明皆段宝子也。至京师，帝传谕曰：“尔父宝曾有降表，朕不忍废。”赐长子名归仁，授永昌卫镇抚；次子名归义，授雁门镇抚。大理悉定，因改大理路为大理府，置卫，设指挥使司。[②]

在明洪武年间，公开自称大理国王室段氏之族裔，无异于自报家门，

---

① （民国）龙云、周钟岳：《新纂云南通志》，662页，昆明，云南人民出版社，2007。

② 《明史》卷313《列传第二百·云南土司》，8067—8068页，北京，中华书局，1974。

主动犯忌。因而段保在这一问题上采取的冒籍四川的避讳说法：“四川邛州威远县人。少随父流寓云龙。”《康熙云龙州志》亦说：“段保，四川威远籍。明洪武十六年（1383），率众归附，攻佛光寨，擒贼普颜笃等。十七年（1384），颖川侯题授世袭掌印土知州。”[①] 和自己的祖先，元朝大理总管段世、段明不一样，段保采取的是主动与明朝合作，在攻打佛光寨战事中亦受到“大理国王室神灵”的护佑。待其掌控云龙区域时，则将象征大理国王室护佑神灵“鸡足皇帝之神”奉为“云龙土主神”，受到云龙州全境的崇信。从段保开，凡段氏土司控制的澜沧江怒江区域内，都建有“三崇庙”崇奉“鸡足皇帝”。明正德年间滇西“三征麓川”之后，段氏土司领地内的“三崇神”变成了明朝兵部尚书王骥。而这一民间信仰依然沿袭至今，既照顾到大理国在滇西边疆的王权历史影响，又规避了明朝对元朝大理段氏总管的顾忌，将两个朝代更迭和地方政权的转换缝合得天衣无缝，而其中的历史述说却委婉屈曲如此。

段氏土司所控制的云龙州旧州坝子，与江内重要五井盐区比邻，又为澜沧江、怒江高山峡谷区域中为数不多的鱼米之乡之一。“以崇山黑水之雄，独于乱山苍莽之中，湾环敞启，此天造地设之粤窟，以提挈彝夏之要枢也。有此要枢，自宜有此名镇，以据天地自然之形胜，而以拱卫天朝于亿万世。”[②] 其地势之要，西连怒江，可控滇西边疆。明朝对边地大都实行“土流并治”政策。段氏土官与五井盐提举并治云龙州的格局初定，云龙土州州治旧州坝子在滇西交通体系中的枢纽地位日益复兴。江内大理府各

---

① （清康熙）《云龙州志·土司》，美国哈佛大学藏本。

② （清康熙）《云龙州志》“天启四年迁建州治碑记”，美国哈佛大学藏本。

地不堪繁重赋役的人们纷纷迁徙而来，在旧州坝子大开田亩。镇守云南的平西侯沐英将此上报明朝廷，将云龙土州纳入粮贡。第一代土官段保因其被明太祖敕赐为云龙土知州，并予以世袭。“大理诸部赋役繁重，避而来者日益众，乃大开田亩，遂科粮，英以闻于朝，明太祖敕赐保云龙土知州印，予世袭。”① 至洪武三十年（1397），云龙土州第二代土司段海时，江内客商亦纷纷集聚于旧州坝子，夷民的生存空间因之受到挤压而四散迁徙。云龙州治府衙所在地的州坝子，作为澜沧江、怒江河谷部族迁徙交通枢纽的地位和作用随之突显。“海任时，田亩日开，客商日众，夷民不善算，利归客商，夷日困，或死或迁，客民众，而夷渐少矣。”② 旧州坝子的居民结构由原来的“夷多汉少”而变为“汉多夷少”。云龙段氏土知州的统治地位却由此得到了巩固。

大理府城至云龙各盐井，向西经苏溪渡和松牧渡到达旧州，从旧州坝子翻越三崇山，即进入槽涧坝子，再沿老窝河谷可达怒江六库渡口。渡过怒江之后，往西越过鲁掌、卯照等山口，再翻越高黎贡山的片马山口，即进入小江河谷，可通往伊洛瓦底江沿岸各地。因此，老窝、六库、登埂等山道路口和渡口各交通咽喉，都成为段氏各分支土千总、土把总、土目的驻地，亦成为当地的市场和宗教活动中心。从云龙各盐井至澜沧江、怒江、小江，跨越高山深谷的马帮道路沿途各交通节点和渡口组成一个整体

① 董善庆：《云龙记往》，见《云南史料丛刊》卷 11，343 页，昆明，云南大学出版社，2001。

② 董善庆：《云龙记往》，见《云南史料丛刊》卷 11，343 页，昆明，云南大学出版社，2001。

性的交通网络。驻旧州、老窝、六库、登埂等各地的段氏分支土职再任命若干下属的巡检，由巡检负责维持当地社会治安和道路安全，在澜沧江、怒江渡口设置船户和溜索负责渡口运输。从道路沿线的社会治安、交通设施、道路和运输服务等方面，明代以来逐渐整合到了段氏土司家族的“析系分防”体系中，并与段氏控制的各地“三崇庙”信仰体系相配合。因此，段氏土司的分支体系，与地方交通体系和社会文化体系相辅相成，发展成为跨越了三江流域的综合性社会文化整体。

云龙段氏土司凭借其对滇西澜沧江和怒江河谷交通控制，向西扩张势力，继而统治老窝、六库、鲁掌、登埂、卯照、片马、鱼洞诸地，直至江心坡地区。

> 江心坡土名卡苦戞……地形狭长，东至片马，北邻西康，南接缅甸。土人以濮曼及浪速二种为主，濮曼居下流，与滇缅毗连；浪速人居西北接近川藏、西康。所有濮曼人种，均操同一语言。相传濮曼先世随诸葛孔明征蛮来此，故大家都是汉姓，各寨均有孔明庙。明时兵部尚书靖远伯王骥征麓川思氏，立石江畔，即其地也。土人尝谓诸葛孔明为之制礼法，王尚书为之设营安边，使上下得所。因是感其德泽，设立庙宇，祀之如神。孔明、王尚书专祠遍于各寨，春秋奉祀不衰。凡祭祀时，必先请孔明，次及王尚书。呼孔明曰：“五布底”，呼王尚书曰：“王官独”。濮曼人处言：“系武乡侯平蛮时遗民，世为汉朝山官，不敢忘背

美德。”①

怒江流域的老窝、六库、登埂、片马四家段氏土司皆为云龙段氏土知州之后，四土司皆隶属云龙州。

查泸水五土司，自明万历年间为段嘉龙、嘉祺弟兄，由云龙旧州土知州分防六库、老窝两土职。永历二年，六库土司段其辉征服片马得地三百余里，遂分段其光为登埂土司。同时有潞江上游怒夷为害，分段其威为卯照土司，防止怒夷。延至清乾隆八年，怒夷怒根扒叛，为四司，烧毁六库土署。命鲁掌土目率兵征剿，事平，保茶土目为土巡目。清道光年间，杜文秀叛据大理，六库土司段宗仁命其季子段乾元随师围攻大理。事平，相继克服蒙化大小围埂、普思一带，受钦命任为世袭巴图鲁。光绪二十年，适片马、江心坡普蛮有喇浪中幹二邑争持盐水互杀不休，前来向六库土司请援，经六库土司段浩命其胞弟段济率兵往攻，已克服恩梅开江东西村落二十一寨，盐水取为官有。②

云龙州归化里老窝段克勳，其先段维精，明土知州段保之裔。清乾隆十二年（1747），率土练随总兵官谢岳征称秆贼，招抚鹅毛顶夷民十寨归顺，屡立战功，十七年（1752）授千总世

① 《云南边地问题研究》卷上，102 页，滇缅界务研究会，民国十八年（1929）三月，上外交部呈文。

② 《泸水志》，民国二十一年石印本，48 页。

> 职。卒，子纪袭。纪卒，子克勳袭。道光元年（1821），永北夷贼滋扰，调其土练一百余人从征，擒贼有功，给五品顶戴。克勳卒，子恩栓咸丰二年袭。光绪二十六年（1900）振兴袭。宣统二年（1910）罗氏代办。民国十一年（1922）段渊袭，渊死，子承恭于民国三十年（1941）袭。管地东至澜沧江，西至保山，南至丽江，北至兰州。①
>
> 云龙六库土千总段履仁。其先段复健，明土知州段保之十七世孙。清乾隆十二年，随总统官征秤戛夷贼，生擒贼首有功。十七年，授千总世职。复健卒，子云彩袭，云彩卒，子理袭。理卒，嘉庆二十三年气子履仁袭。道光元年，带练擒贼永北，赏五品顶戴。履仁卒，子之经复以军功赏如父。之经卒，无子，胞叔宗仁袭，曾随兄剿贼，得六品。宗仁卒，子开元入州庠，告替与子浩，光绪元年袭。浩子承经，以民国二十七年袭。浩子承经，以民国二十一年袭。管地东至归化里界，南至永里界，西至登埂界，北至老窝界。②

清雍正年间（1723—1735），第十七世六库土司段其辉承袭期间，为了对广阔的土地进行有效的控制和管理，进行了兄弟“析系分防”，把怒江以西的登埂、赖茂、片马、卯照等地从六库土司的辖区内划分出来，由段其辉的几个兄弟分别进行管理。其中，段其光领登埂、片马等地，段其威领卯

---

① （民国）龙云、周钟岳：《新纂云南通志》，717 页，昆明，云南人民出版社，2007。

② （民国）龙云、周钟岳：《新纂云南通志》，717 页，昆明，云南人民出版社，2007。

照，他们各自在辖境内设立土司署，以土千总职管辖其地，累世相传。[①]

民国初年，李根源等建议改兰州土舍为兰坪县，并改老窝、六库、登埂、卯照、鲁掌五土司为县，名泸水行政委员。[②]

二、段氏土司与滇西河谷交通体系

清代乾隆年间，云龙知州王凤文评论段氏土司时说："前此野夷生长，未沐王化，亦何足记。然有境即有人，有人即有长，其能雄长一方，夷众威服者，非必皆势力摄之也。其孝义贞烈之得于天性者，虽不尽合乎中庸之道，而以之励俗则有余。"[③]段氏自得土司之职始，控御两江（澜沧江、怒江）滇西交通体系，历明清两朝，达500多年之久，必非偶然。王凤文所说"以之励俗则有余"，实乃道出了大理国王族段氏在此区域的历史影响。

"有境即有人"，也可以说"有境即有人，有人即有交通"。民间交通体系的背后，实为人的因素起实质作用。这在地处高山大川的险远之地，尤为显著。段氏因选择与明朝合作的态度，因之得职。两江（澜沧江、怒江）流域的历代段氏土司皆积极参与朝廷对地方部族抵抗势力的征剿，累建功业，从而"其能雄长一方，夷众威服"。但更与段氏历代土司深谙高山大川的地方性知识，对民间交通体系控制有术大有关系。

---

① 李道生：《泸水五土司史访》，见《怒江文史资料选辑》上卷，222页，芒市，德宏民族出版社，1994。

② （民国）龙云、周钟岳：《新纂云南通志》，661页，昆明，云南人民出版社，2007。

③ 王凤文：《云龙记往叙》，见《云南史料丛刊》卷11，328页，昆明，云南大学出版社，2001。

大理国至元代大理总管府时期，早氏据有云龙之地。"大理王段氏遣人抚之，(早)疆降，受其诰命，岁有常贡。往来商贾，有流落为民者。"[①]至早疆第五代孙早褒为云龙酋长时，汉人李贯章与段保两人共同辅佐早褒治理云龙。早褒非常倚重李贯章和段保，并将长女嫁与李贯章，次女嫁与段保。"二人往来大理办公，多获利，亦素不误公。"[②]可见其时崇山黑水的云龙之地与江内(澜沧江以东)大理地区间的交通畅行无阻。

随着段氏得职云龙土知州，势力不断向怒江流域扩张，对此明朝即已萌生明显的忧虑与戒心。宣德十年(1435)，段荣任云龙土知州时，明廷同时在云龙土州设置了流官巡检司，力图用土流并治的方式直接控制滇西河谷的交通体系。无奈流官"能治民，不能治夷，夷多事劫掠"[③]。正统六年(1441)，明朝重新为段荣颁赐云龙土知州印。

天顺八年(1464)，段荣之子段铭年幼袭职。明朝官府规定，云龙州有事上奏，必须同时加鉴流官巡检司和土知州印章。段铭的母亲嫌其烦琐，索性将土知州印鉴交给流官巡检司收存。到段铭长大可以理事时，流官巡检司已经换任其人。段铭因索印鉴不得，强行夺取而被明朝革夺土知州世职。其结果又是"夷民不服，各自散乱，虽土官褫职，而夷人仍听

---

① 董善庆：《云龙记往》，见《云南史料丛刊》卷11，339页，昆明，云南大学出版社，2001。

② 董善庆：《云龙记往》，见《云南史料丛刊》卷11，339页，昆明，云南大学出版社，2001。

③ 董善庆：《云龙记往》，见《云南史料丛刊》卷11，343页，昆明，云南大学出版社，2001。

（段氏）驱使"[①]。五井提举司将此情况上报明朝官府，再次恢复云龙段氏土知州世职。

正德年间（1506—1521），段氏家族因争夺土司袭位而发生了一次大规模内斗。"（段）耀以杀胞叔（段文显）家属并劫掠民间，（五井）提举司申报上官，檄各土司擒之，尽诛其党，赦耀，革世职土知州，降为定西岭巡检。"[②]这次段氏土司夺职后结果与以往如出一辙，澜沧江河谷交通体系又一次陷入混乱瘫痪状态。"自段氏失世职，夷民无统属，劫杀累累。当是时，粮赋已有定额。五井之人多置田亩于江（澜沧江）外，者啰哨一带为野贼之场，道路梗塞，时熟不能收租，州人患之。"[③]至四十年（1546），五井士绅和民众共保举段绶，五井提举亦呈报明朝官府得旨，恢复了段氏土知州世职。段绶复职后，即于滇西河谷交通沿线"设立各哨防守，贼盗悉平。"[④]

"万历四十三年（1615）二月壬寅，命云龙州改土设流。从云南巡抚周嘉谟之议也。"[⑤]"崇祯间（1627—1644）（云龙）知州钱以敬仍移治于井司，

① 董善庆：《云龙记往》，见《云南史料丛刊》卷11，344页，昆明，云南大学出版社，2001。

② 董善庆：《云龙记往》，见《云南史料丛刊》卷11，344页，昆明，云南大学出版社，2001。

③ 董善庆：《云龙记往》，见《云南史料丛刊》卷11，344页，昆明，云南大学出版社，2001。

④ 董善庆：《云龙记往》，见《云南史料丛刊》卷11，344页，云南大学出版社，2001。

⑤ 《明神宗实录》卷529，见《云南史料丛刊》卷4，65页，昆明，云南大学出版社，2001。

即今雒马井。”[①] 云龙州于万历年间改土归流，并于崇祯年间将州治内迁至澜沧江以东的雒马井（今云龙县宝丰镇），但两江流域滇西河谷的交通体系仍然由段氏土司所牢牢把控。改土归流后，云龙旧州地区曾发生过“段进忠之乱”和“林养中之乱”两次较大的土民祸乱。段进忠是段氏土司的庶裔，而林养中则为段氏土司设于澜沧江交通要隘“苏溪渡口”的守护人员。两次祸乱的诉求都要求明朝在云龙旧州地区恢复土知州。“天启元年（1621）十一月戊午，云南云龙州土舍段进忠有罪伏诛。先是，土舍段文显故绝，段嘉龙当袭，而进忠则段早邦养子也，争袭不遂，因纠党祝太等千人突据州治，杀嘉龙并其二女，复焚劫永昌、大理等地方。巡抚沈儆炌檄金腾、澜沧二道调兵议剿，进忠惧，与其党五百余人，从间道声言欲往大理，将官薛来征等邀之，遂擒进忠而抚其众归巢。儆炌以闻，诏诛进忠及其党祝太等十余人，余戍配有差。”[②] 段进忠“雄据州境，五井人民逃窜，道路梗阻……明事要挟，意欲决得酋职，不然可伺间大逞，踵南诏故事也。”[③]

林养中则“霸据官田，不服清丈，不纳赋税，声言复州免赋，以要结其乱党。时时劫杀往人，数传悖慢语。谓州官止宜治五井，以云龙州治地归之，并授为土官。”[④] 澜沧江、怒江间滇西河谷交通皆被其控制。“中见势逼，望风逃遁，渡潞江，栖茶山野人之境。然日治兵，招集彝党，图潜袭

① （清康熙）《云龙州志·沿革》，美国哈佛大学藏本。

② 《明熹宗实录》卷16，见《云南史料丛刊》卷4，278页，昆明，云南大学出版社，2001。

③ （清康熙）《云龙州志·平段进忠》，美国哈佛大学藏本。

④ （清康熙）《云龙州志·平林养中》，美国哈佛大学藏本。

州治，远近畏恐。”[①] 段氏土司在整个明代经历频繁的升降沉浮，其对两江（澜沧江、怒江）流域交通体系的实际控制地位终未受撼动。至清朝亦默许了明朝的做法，将云龙州江外之地委于段氏土司进行控制和管理。“康熙三十八年（1699），（段）德寿卒，子（段）元臣亦卒，侄（段）元相袭。（段）元相，（段）嘉龙次子，（段）绥孙也。”[②]

康熙朝《云龙州志》详细记载了云龙州治以西至滇西道路里程“自州治起，十五里至箐门口，又三十里越十八寨至者罗哨，又二十五里至澜沧江苏溪大渡口。至此，山势开展，分南北两路：一自大渡口，西南行五里，至三七旧城，又八里至旧州，又三十里至汤涧，又二十里至汤邓，又三十里至三台坡，又二十里至雪冲，又二十里至漕涧，又四十里至孙足。共二百五十里交保山县界。一自大渡口西北行七里至下坞，又四里至址罔（岗），又五里至松牧村小渡口，又十里至鲁羌。此间又二路：一西北行七十里至赶马撒，又六十里至六库。共二百二十六里，交潞江、片马、鱼

---

① （清康熙）《云龙州志·平林养中》，美国哈佛大学藏本。

② 董善庆：《云龙记往·段保世职传》，见《云南史料丛刊》卷11，345页，昆明，云南大学出版社，2001。

洞隙地[①]。一北行四十里至铁门槛，又三十里至旱牙，又十五里至表村。共一百一十五里交兰州界。"[②]在澜沧江苏溪大渡口、松牧村小渡口上按内地建制设置了苏溪铺[③]、松牧铺，但仍由段氏土司对其进行实际管控。"苏溪渡，在澜沧江渡口，为州西咽喉。旧船窄小，惊涛危险。周宪章易以大船，委土袭经理之，岁收租息，以资修船……小渡口，在松牧村，制如苏溪渡。"[④]光绪年间，杜文秀部将李玉树始于澜沧江旧州芷冈村建造了飞龙桥。"县属内地，食米多半运自江西，而盐井销路又必过江以达腾永，乃济江以筏，倾覆可虞。时有李桂楼者，曾于芷冈地方造铁索桥一道，题曰

---

① 片马、鱼洞：即雪山（高黎贡山）西麓至独龙江流域一片地，隶于大理云龙州土官段氏之年代已久，至是因其地近保山，而改变隶属关系，其余各地亦然。大抵此地区之北部上帕、知子罗等地，归土守备罗君美管理，隶丽江府；南部老窝、六库、漕涧等地，归土千总段维精、段复健、把总左世英管理，隶云龙州；其西登埂、片马、鱼洞等处，归土千总茶尚庆、段连第、土目段连甲管理，隶保山县。又大塘、明光、滇滩、茨竹、古勇等处，归把总刘尔游、刘尔立、杨建国、左正邦管理，隶腾越州。自此以后，各守地界，直至清季英帝国主义侵略，缅甸沦为殖民地后，扩张势力，进犯我边境，遭到当地人民抗击，引起片马问题，即原属云龙改隶保山之我国领土也。（引自方国瑜：《云南史料丛刊》卷 8，775 页）。

② （清康熙）《云龙州志·疆域》（官修府志），美国哈佛大学藏本。

③ （清）师范《滇系·事略》说："额设州前、大井、关平、苏溪、雒马五铺，共铺兵五名，每名岁该工食银三两六钱。东北走大井铺，浪穹大路；大井铺西南，走苏溪铺大路。……其地群夷杂处，幅员最广，距郡最遥，率皆务本力田以安厥分。"（引自方国瑜：《云南史料丛刊》卷 4，101 页）

④ （清康熙）《云龙州志·哨铺》，美国哈佛大学藏本。

飞龙桥，商旅便之，即李玉树（桂楼）始建之桥。”①

六库土司，沿袭12代，330年；老窝土司，传9世，沿袭330年；登埂土司，传9世，沿袭220年；卯照土司，传9世，沿袭198年；鲁掌土千总传7世，沿袭210年。怒江段氏五土司对辖区的管理方式，一为“管民管土”；一为“管民不管土”②。所谓“管民管土”，即辖区内的土地、山林、水源全归土司占有。辖区内居民没有任何山林、地产，向土司租种土地，缴纳山租贡赋，无偿提供劳役，实际上是依附在土司土地上的农奴。土司对这些农奴可以任意役使，早期还有生杀予夺等许多特权，清代以后土司被迫取消随便杀害农奴等一些暴虐、野蛮的特权。“管民不管土”，土司只占有其辖区内的山林、土地的一部分，按其出租地收租。辖区居民是土司的属民，占有部分土地，向土司缴纳门户捐和贡赋，听从土司征调，提供劳役。

> “管民管土”地区，土地、山场，甚至一草一木都为土司所有，土司管辖区的所有农民都租种土司土地，成为土司的佃农，佃农耕种的土地，不能买卖、转让；新来户定居开荒，首先要向土司报告、叩头请求、送礼，准许后才能居住和按划定的地区开荒种地；佃户迁走或绝户，必须把土地交还给土司；佃户家中死了人，要向土司乞讨坟地，才能埋葬；佃户除了向土司交纳租谷、

---

① 方国瑜：《附说：澜沧江飞龙桥碑记》，见《云南史料丛刊》卷13，781页，昆明，云南大学出版社，2001。

② 李道生：《泸水五土司史访》，见政协怒江傈僳族自治州委员会文史资料委员会《怒江文史资料选辑》第7辑，13—14页，1987。

门户捐外，还要承担运输、割马草、碾米、磨面、抬滑杆、站岗放哨、建盖房屋、砍柴、修桥铺路等各种劳役。在管民不管土地区，土地的所有权属于农民，但必须向土司交纳田粮赋税。边远地区，要交纳蜂蜜、漆蜡、黄蜡、兽皮、山货、药材等贡品。在一些管土管民地区，也有部分自耕地，除耕种部分自有土地外，还租种部分土司地，但都属土司管辖。[①]

明清时期，六库、老窝、登埂土司辖区内的土地、山林、水源都归土司所有。鲁掌、卯照土司辖区内的土地，一部分属土司所有，大部分属农民私有。[②]这主要是由于六库、老窝、登埂三个土司形成的时间较早，并且是以武力征服的手段占有辖区，所以他们对辖区拥有完全的统治权，“管民管土”；而卯照、鲁掌土司形成于清代中期，当时内地已普遍改土归流，土司地区在逐渐收缩，这两个土司又是因军功封授取得管辖权，而不是通过武力征服占有辖区，因此他们没有占据辖区的全部山林、土地，只有对居民的管理权，所以“管民不管土”。

三、结语

滇西边疆地带的土司，通过朝贡体系，从中央获得了对边疆地区的政

① 怒江傈僳族自治州地方志办公室：《怒江傈僳族自治州志（上）》，135 页，北京，民族出版社，2006。

② 云南省泸水县志编纂委员会：《泸水县志》，455 页，昆明，云南人民出版社，1995。

治特权。在其领地内，土司经常任命家庭成员和有才干的夷人管辖滇西边疆广大领地的社会秩序，因此而控制了大量部属、土地、交通等重要资源。对于独龙江流域的居民而言，与云南通好贸易，必先通过这些土司领地屏藩。“盖缅中鲜盐茶、缯帛、毛缨诸物，势必取于中国，往时曾遣人贸易。”[①]滇西边疆地带的土司，即因此而据有切身的利益。

具体而言，明清以来，滇西的各府州县和土司区域虽然被高山大河分割阻隔，但是交通体系、贸易网络和地方宗教联系从未受到阻隔。段氏土司的分支、发展与不断重建的交通贸易体系紧密配合，在云南西部与东南亚北部之间建立起一个跨越崇山峻岭、联结坝子、市场、庙宇和货物流通的社会经济体系。这个整合性的社会经济体系包括了交通、政治、经济、宗教等多层次的网络，这些复杂的社会经济联系并不会因为哪一侧江岸要更靠近某种类别的中心，即相对的“内”或“外”的地理方位和行政体制而受到影响。对于交通、货物的流动和当地民众而言，这些类别仍然外在于他们的日常生活。同时，对于段氏土司而言，把来自不同的方向、不同区域的社会政治力量整合到一起，段氏因而得以变通发展，这才是他们的生存之道。也因此，就生活在澜沧江、怒江两岸的民众而言，在他们的认知观念中，能够影响到他们的生活是另外一些与生活相关的力量，同样，长期往来于“三江”流域、跨越高山深谷的商旅，在意的是他们的安全、他们的生意以及他们长途跋涉的意义。

① （清康熙）罗伦纂修：《永昌府志》，点校本，249页，昆明，云南人民出版社，2015。

明清时期永北高氏土军与滇川交通线管控模式变迁

黄彩文[①]

一、问题的提出

作为明清时期中央王朝国家武装力量的重要组成部分，“土军”（又称“土兵”或“土司兵”）与中国土司制度的兴衰相始终，随着土司制度的终结而消亡，也成为中国土司制度研究中的一个重要内容。地处滇西北的永胜县自古以来就是滇川交通线上的重要通道，明清两朝在此先后设置北胜州、北胜府和永北直隶厅，派流官进行治理；同时有高氏、章氏、子氏等地方土司势力，并拥有各自的武装力量。永北高氏土军是其中最强大的一支土军力量，滇川交通线又是明清中央王朝经营西南地区的枢纽。因此，探讨永北高氏土军在滇川交通线管控过程中起的作用具有重要意义。

关于土军或土兵的作用，学术界研究成果较为丰富。王文光等认为，中国西南边疆地区的土兵作为朝廷官军之外的重要军事力量，具有巩固国家政权、稳定社会治安、维护边疆稳定等作用；[②] 蓝武认为，明代中央王朝频繁征调广西壮族土司土兵参与各种军事活动，一方面有利于稳定社会秩

---

① 黄彩文，云南民族大学云南省民族研究所（民族学与历史学学院）教授，博士。

② 王文光、施芳：《中国西南边疆的土兵》，载《思想战线》，101—104 页，2010（2）。

序，另一方面也给地方社会带来一些负面影响；①彭福荣指出，元、明、清时期西南土司军队的奉征反映了土司对国家的认同，同时又促进了土司及西南各族人民对国家的认同；②颜丙震通过对明代后期西南地区的卫所以及土兵征调问题的研究指出，明代后期的土兵已经成为明廷地方平乱的主力；③郭书林从明代土兵的产生，发展演变的过程，揭示明代土兵在国家军事斗争中的作用，以及明代土兵的演变与明代社会历史变迁的关系。④顾有识对壮族土兵的性质、作用及其社会影响进行了研究。⑤

综上所述，学界对明清时期土兵的作用有了相对全面、深入的研究，但是，较少有学者关注西南边疆民族地区土军或土兵在维护交通线等方面发挥的重要作用。永北地区高氏土司势力最大，拥有强大的土司武装力量，并被频繁征调参与明清中央王朝的军事活动。尽管明清两代对边疆社会的治理政策有所变化，但是作为中央王朝武装力量的重要组成部分，永北高氏土军在控扼滇川交通线、维护边疆稳定和巩固王朝政权等方面发挥了重要的作用。因此，本文通过对明清时期永北高氏土军与滇川交通线的

---

① 蓝武：《明代广西壮族土司土兵“供征调”及其社会影响述论》，载《广西师范大学学报》（哲学社会科学版），47—50页，2012（2）。

② 彭福荣：《国家认同视野下的土司军队征调——以元、明、清朝乌江流域土司军队为例》，载《军事历史研究》，76—81页，2014（1）。

③ 颜丙震：《明后期的西南卫所与土兵征调》，载《安康学院学报》，75—78页，2018（4）。

④ 郭书林：《明代土兵的历史研究》，载《黑龙江史志》，22—23页，2009（15）。

⑤ 顾有识：《试论壮族土兵的性质、作用及其社会影响》，载《广西民族学院学报》（哲学社会科学版），78—85页，1984（2）。

讨论，揭示明清时期由于社会制度的变化而带来的滇西北地区滇川交通线管控模式的变迁。

二、历代滇川交通线的拓建与经营

秦汉以来的历代封建王朝统治者都十分重视对滇川交通线的开拓与经营。公元前221年秦始皇统一中国后，为了有效控制在夜郎、滇等地设立的郡县，便派遣将军常頞开凿从今四川宜宾入滇东北的五尺道，并委派官吏对云南进行管理。《史记》记载：“秦时常頞略通五尺道，诸此国颇置吏焉”。[①]尽管早在秦汉开拓官道之前，已经有滇川之间以及云南至缅甸的民间商路存在，但是五尺道不仅构建起咸阳经四川与云南东部的联系，而且将云南纳入了秦帝国的版图，其重要意义是不言而喻的。

西汉武帝为加强对西南边疆的统治，积极经略西南夷，修筑了一条被称为西南陆地“丝绸之路”的重要交通线，即“蜀身毒道”。这条道路的主要路线从今四川成都起始，分别经过零关道和五尺道进入云南。零关道也称清溪关道或西夷道，路线是从成都出发，经雅安至西昌入云南。五尺道也称“石门关道”，路线是从今成都出发至宜宾进入云南，在姚安与零光道并为一道继续西行，经博南（今永平一带）、永昌（保山）和腾越（腾冲）至缅甸、印度。[②]秦汉王朝修建滇川交通干线的主要目的是为了开拓用兵通道，但这条古道实际上也成为民间商道，以及朝贡贸易、使节往

① 《史记》卷116，《西南夷列传》，2993页，北京，中华书局，1982。

② 陈茜：《川滇缅印古道初考》，载《中国社会科学》，161—180页，1981（1）。

来以及宗教传播的重要纽带，对封建王朝的帝国统治以及促进与缅甸、印度等国家的古代文化交流作出了重要贡献。

唐朝沿袭了前朝重视边疆交通线的传统，积极加强对滇川交通线的经营，除清溪关道与石门关道外，唐朝还十分重视西洱河至天竺道（前代“蜀身毒道”之自洱海西行的路段）与交州至安宁故城道（前代的进桑关道）的建设。[①] 两宋以大理国为外藩，清溪关道和石门关道乃被废弃。南诏以来石门关道渐趋寥落，云南联系四川主要是走清溪关道。[②] 因此，秦汉时期开通的清溪关道成为隋唐以后历代王朝联系滇川以及经云南通往缅甸、印度等国家的重要通道。

元朝统一中国后更加重视对交通线的控制，元朝不仅在全国普遍设置驿站，而且也十分重视对西南边疆交通线的拓建与控制。据统计，仅从云南至内地的重要驿道就修复或新辟了 6 条，其中一条即为由大理经丽江入吐蕃转成都的道路。[③] 此外，元代在云南设置的驿站多达 78 处，其中马站 74 处、水站 4 处。[④] 大量驿站的设置以及交通线的开拓，对维护元朝的统治起到了积极作用。

总之，明代以前历代封建王朝对滇川交通线的重视与开拓，其主要

---

① 方铁：《唐宋元明清的治边方略与云南通道变迁》，载《中国边疆史地研究》，23—88 页，2009（1）。

② 方铁：《历代治边与云南的地缘政治关系》，载《西南民族大学学报》（人文社会科学版），5—20 页，2011（3）。

③ 方铁：《元代云南驿传的特点及作用试探》，载《思想战线》，63—69 页，1988（1）。

④ 《元史》卷 61，《地理四》，1457 页，北京，中华书局，1976。

目的是为了沟通内地与边疆的联系，实现中央王朝对西南地区的统治，但客观上推动了滇川地区与外界的联系，促进了云南边疆经济社会文化的发展。

三、明代的管控模式

（一）永北高氏土军与澜沧卫设置

永北地处滇川交界，风高气寒，地形险要，旧为施蛮之地，“唐贞元中，南诏异牟寻始开其地，名北方赕，徙濔河白蛮及罗落、麽些诸蛮，以实其地，号成偈赕，又改名善巨郡。宋时，大理段氏改为成纪镇”。[①]明清时期称为北胜、永北，民国二十二年（1933）更名为永胜，沿用至今。高氏为南诏、大理国时期的望族。后晋天福二年（937）段思平建立大理国，封高方为世袭岳侯，执国政。自此至大理国灭亡，高氏世袭相国之职。高氏为了巩固其相国的地位和统治，将子孙分封到楚威（楚雄）、北胜（永胜）、鹤庆、姚州（姚安）、腾冲、永昌等地，世代镇守。可以说，从首府大理、东都善阐到各个府、郡全由高氏控制。[②]元明清时期，云南各地的高氏家族世袭土司势力，以永北高氏土司统治时间最长。现存于永胜县城东郊壶山西麓灵源箐景区的《诰封高氏木宜人墓志铭》记载说：“先祖

---

① 《明史》卷314,《云南土司二》，8106页，北京，中华书局，1974。

② 林超民：《大理高氏考略》，载《云南民族学院学报》（哲学社会科学版），53—58页，1993（2）。

为大唐清平官，继祖讳智昇，宋、元时佐辅大理国主段氏，封保德岳侯，寻改匡国侯。祖讳昇泰，以立请难大功，推禅昇泰为国主……传数代，世守北胜知府。”[①] 据乾隆《永北府志》载：“北宋庆历八年（1048），段氏据大理，改为成纪镇，以高惠求镇之，高氏世居此地。”[②] 因此，从北宋庆历八年大理相国高智升之孙高惠求镇守北胜，到光绪三十四年（1908）二月，朝廷“以暴戾恣睢，革云南北胜土知州高长钦职”，[③] 高氏在永北的统治长达800多年。此外，永北还有章氏、子氏、阿氏等地方土司势力。

洪武十五年（1382）二月，朱元璋派傅友德、蓝玉、沐英等率大军平定云南后，针对“云南新附，人心未定，即令入朝，诸蛮必生疑惧，或遁入山寨，负险不服。若复调兵，损伤必多”[④] 的实际情况，采取了设置卫所和寓兵于农等措施以实现对云南的控制。明代中期，卫所已遍布云南广大区域，并成为控制云南交通线的重要军事力量。

顾祖禹《读史方舆纪要》云：“云南要害之处有三……西北吐蕃，以丽江、永宁、北胜为扼塞。”[⑤] 据乾隆《永北府志》记载：“永北，滇之极边，昔为羁縻荒服……在金沙江以外，界接吐蕃……人杂汉夷，边陲重

① 云南省永胜县志编纂委员会：《永胜县志》，674页，昆明，云南人民出版社，1989。

② （清乾隆）《永北府志》，18页，云南省永胜县地方志办公室翻印，1993。

③ 《清德宗实录》卷587，光绪三十四年甲申条。

④ 《明太祖实录》卷143，洪武十五年闰二月甲午。

⑤ （清）顾祖禹撰：《读史方舆纪要》卷113，《云南一》，5057页，北京，中华书局，2005。

地。”① 清朝永北府人刘彬在《论全滇形势》中也说，“永北连壤川西，……独居江外，路通建昌，逼近吐蕃，尤偏而且要也”②。永北地理位置之重要可见一斑。因此，洪武二十八年（1395）九月，明朝“调云南中卫于北胜州，置澜沧卫”③，次年改为军政合一的澜沧卫军民指挥使司，其中官数“指挥使一，指挥同知二。经历司经历一，知事一，镇抚司镇抚一。千户所五：左、右、中、前、后。正副千户五，百户伍十二，仓大使一”；军实“三分马步旗军三百九十五名，七分屯军一千一百二十六名，舍丁一千二百二十一名，军余六千二百六十二名”④。

澜沧卫军民指挥使司建置之初，除管辖本部卫军外，还“领北胜、浪渠、永宁三州”⑤。为了“卫内捍外，以备不虞”，澜沧卫指挥使王佐于洪武二十九年（1396）修筑了澜沧卫城，“该城用砖石砌成，周围五里三分，高一丈六尺，城脚厚五尺，垛口厚一尺八寸，环以水壕，四门各建城楼一座”。⑥ 同时，澜沧卫守军还在滇川交通沿线修筑了许多驿、堡、哨、铺，派兵驻守，不仅加强了明朝在滇西北地区的军事防御体系，而且对牵制金沙江中上游地区的土司和吐蕃势力、控扼滇川交通线发挥了重要作用。

---

① （清康熙）《永北府志》，14 页，云南省永胜县地方志办公室翻印，1993。

② （清光绪）《永北直隶厅志》，172—394 页，昆明，云南大学出版社，1999。

③ 《明太祖实录》卷 241，洪武二十八年九月壬子条。

④ （明天启）《滇志》卷 7，《兵食志》，《续修四库全书》本。

⑤ 《明史》卷 314，《云南土司列传二》，8110 页，北京，中华书局，1974。

⑥ （清乾隆）《永北府志》，43 页，云南省永胜县地方志办公室翻印，1993。

（二）值守与平叛：滇川交通沿线秩序的维护

明代以后，云南土军作为王朝国家的一支重要军事力量参与到维护地方秩序的活动中。正德《云南志》记载："云南地方夷汉杂处，盗贼出没无常，故于各道路，每十里或二三十里各设哨戍以守之……官及各哨兵俱连家小驻扎，一年一换。亦有民哨，与军哨相兼守戍。"① 这里所说的"民哨"应该就是土司统辖的土兵或土军。另据天启《滇志》记载："澜沧驿站马七匹，系高土官目把应当……清水驿站马七匹，系永宁、北胜、蒗蕖、阿高三土官目把应当……哨兵，各哨共一百三十一名。弓兵，六十名。铺兵，七名，系土司夷民轮充，不支工食。"② 明代永北澜沧卫设立的澜沧驿和清水驿两个驿站，其马匹由各土司负责，其哨、铺守卫和弓兵，均由土司"夷民"轮流值守，说明高氏土军与卫所军队共同担负起维护地方秩序的重任。

尽管明代西南地区土司兵的人数没有确切记载，但从明初西南不断发生的土酋反叛事件来看，土司兵不仅骁勇善战，而且各土司的武装力量不可小觑。明洪武十七年（1384）四川松潘安抚司所辖八积簇、老虎等寨蛮人作乱，朝廷"发兵击破之，获其马一百二十，犏牛三百，犛牛五百九十"③。明正统年间（1436—1449）发生的征麓川之役，前后历时九年，朝廷动用数十万大军进攻，造成重大人员伤亡和国库亏空，由此可见

① （明正德）《云南志》卷2，《云南府》，《天一阁藏明代方志选刊》本。

② （明天启）《滇志》卷6，《赋役志》，《续修四库全书》本。

③ 《明太祖实录》卷169，洪武十七年（1384）十二月庚申条。

当时麓川思氏土司武装力量之强大。不过，明朝中后期，由于卫所士兵的大量逃亡以及军屯遭到破坏，卫所制度逐渐崩溃，因此朝廷进行大规模军事行动时，就主要依靠土军作为重要的军事力量，[①]他们"每遇征伐，荷戈前驱，国家倚之为重"[②]，有时甚至出现了"凡有征调，全倚土兵"[③]的情况。

有明一代，云南境内的土酋势力经常发生叛乱，滇西边境地区也战事连连，永北高氏土军经常被征调参与赤石岩、铁索箐等地平叛战争。同时，在卫所士兵大量逃亡的情况下，明廷便一改元代不调动土兵离开本土到远方参加军事行动的政策，大量调动土兵进行远距离作战。[④]因此，高氏土军还多次远赴腾冲、施甸等地参与明廷的军事活动，并多次受到朝廷的嘉奖。据乾隆《永北府志》记载，明正统六年（1441），永北土司高昶随都指挥王善攻打麓川、永泊等寨；嘉靖九年（1530）至三十三年（1554），高仑三次率土兵奉调，带兵前往莽甸、赤石崖、古底、螳螂、沅江等地参与镇压土酋叛乱，因平叛有功，朝廷不仅"加授高仑四品散官，朝列大夫之职"，而且还"将赤石崖等处地方委令管理"；嘉靖三十三年（1554）十月，赤石崖等处夷贼复叛，高德奉调领兵前往镇压；万历元

---

① 王文光、朱映占：《明代土兵述论》，载《中南民族大学学报》（人文社会科学版），163—166页，2009（4）。

② 《清史稿》卷512，《土司一》，14208页，北京，中华书局，1977。

③ 《明史》卷317，《广西土司一》，8209页，北京，中华书局，1974。

④ 王文光、朱映占：《明代土兵述论》，载《中南民族大学学报》（人文社会科学版），163—166页，2009（4）。

年（1573），高承祖奉调参与镇压铁索箐反叛武装后，又先后于万历十一年（1583）和十三年（1585）赴永昌松坡老姚关、湾甸、镇康、耿马、腾冲、陇川等滇西地区作战，获“报国忠贞”额；万历二十五年（1597）至三十八年（1610）的十多年间，高世懋多次奉调土兵前往蒙化、困蚌、蛮腊、定嘉、顺宁、武定、腾冲、陇川等地平叛；天启二年（1622），高世昌奉调领兵赴沾益州，攻打米郎、必善等寨。① 正是由于明清时期的永北高氏土司拥有强大的武装力量，才被王朝频繁征调参与平叛等军事活动，从而为维护地方稳定作出了重要的贡献。

除了官方史书的记载外，永北《诰封高氏木宜人墓志铭》也详细记载了木宜人丈夫高聪及其儿子多次奉调出征并获朝廷嘉奖的事迹：

> ……数次于征，宜人宅注祈安，週慰征夫眷属，果赖天佑，建功凯还……诸子俱荷恩荣。仑进阶朝列大夫，诰敕一道，圣训敕匾‘感恩报国’，门金衣紫，褐盖华舆。

此外，永北《高承祖墓志铭》也对高承祖多次奉调出征平叛的事迹进行了记述：

> “万历初，赤石崖、古底、螳螂群盗蜂起，流劫商民，苦不聊生者久矣。当道忧之，议公将家丁委以剿捕。公提一师之旅，戕厥渠魁，执训获丑……未□年，西戎窃发，刀落生据寨恣横，逼腾越，震永昌，势如危卵，岌岌□□。抚镇复征公兵……兵行如约，直抵贼寨腊底，出谋画计，而元恶就擒，斩获不可胜纪；

---

① （清乾隆）《永北府志》，205—206 页，云南省永胜县地方志办公室，1993。

乘胜长驱，势如破竹……癸未岁（1583），岳罕跳梁，复调公兵禦乱。公谕目把王政等选精锐轻骑，将率进剿，又能摧锋破敌，斩擒渠魁，削平余寇，大获全功……丁酉岁（1609），陇川复叛，又以公兵威声素摄西夷，乃檄公……此后十余年，西南燎烟静而斥瑕不惊者，谓非公之功不可也。”① 从正统六年（1441）至崇祯十七年（1644）的二百余年间，北胜、顺州土司的土练被奉调从征外地作战达数十次，出征人员共万余人次。

总之，有明一代，中央王朝通过澜沧卫的设置、永北高氏土军等地方力量的协同，大体上维护了滇川交通沿线地区的稳定，使得滇川交通线能够畅通无阻，实现了对滇川交通线的管控。明中后期，由于卫所士兵的大量逃亡以及军屯遭到破坏，卫所制度逐渐崩溃。因此，明中后期，永北高氏土军等地方势力是维持滇川交通沿线地区稳定和交通线畅通无阻的中坚力量。

四、清代的管控模式

（一）绿营兵与塘、汛、哨的设置

有明一代，在西南地区设置了大量的卫所，派驻屯军，大量的迁移人口也进入西南地区。洪武二十八年（1395）设置澜沧卫后，明朝廷通过

① 云南省永胜县地方志编纂委员会：《永胜县志》，674—676页，昆明，云南人民出版社，1989。

"寓兵于农，屯民实边"，将大量人口从内地迁往永北，高土司统治的范围受到挤压，逐渐缩小到了少数民族聚居山区、半山区。随着卫所作为一种地理单位自明后期到清中期逐渐改设为州县或归并入州县，导致卫所内部的"民化"、辖地的"行政化"过程加速。[①] 到了清代，西南地区仍然保留了土兵制度，《清史稿》记载说："土兵惟川、甘、湖广、云、贵有之，调征西南，常得其用。"[②] 因此，清代初期的土司仍然普遍拥有自己的武装力量。之后，清廷调整了治理边疆的策略，通过设置塘、汛、哨等来加强对滇川交通线的控制，维护边疆稳定。清王朝通过将绿营兵分置于汛塘，实现了对全国各地的有效控制，绿营兵也因此而建立起了与各地社会广泛而密切的联系，从而对当时政治、经济、文化产生了重大的影响。[③]

就永北的情况而言，顺治十七年（1660）设北胜营。康熙五年（1666）添设永北镇，康熙二十一年（1682），改设永北协，以副将领之。守备一员，千把总二员，把总四员，马战兵一百名，步兵四百名，守兵五百名，共一千名。康熙三十一年（1692），总督范承勋巡边，以永北要地，仍奏改设永北镇。[④] 清廷还在交通沿线设置塘汛，派兵驻守，其中位于滇川交通要道的"他留汛有左营步战守兵二十名"，主要负责"游巡盘奸，缉匪

① 顾诚：《卫所制度在清代的变革》，载《北京师范大学学报》（社会科学版），15—22 页，1988（2）。

② 《清史稿》卷 134，《兵志五》，3963 页，北京，中华书局，1977。

③ 秦树才：《论雍正、乾隆时期汛塘制度在云南的发展及变化》，载《云南民族大学学报》（哲学社会科学版），112—116 页，2004（4）。

④ （清乾隆）《永北府志》，113 页，云南省永胜县地方志办公室翻印，1993。

差防”。通过绿营兵，清朝对云南地方的统治实现了由内地向边疆、由平坝向山区、由汉族地区向少数民族地区发展的转化，增强了对西南地区的统治力度，[①] 绿营兵成为清代巩固西南边疆的重要军事力量。

（二）高氏土军与他留城堡

高氏土军依然是维护滇川交通线和地方安全的重要军事力量。比如雍正六年（1728），高熙勋“调土练三百名，随同官兵征剿腊肉窝”；雍正十年（1732），高龙跃“调土练一百名同官兵擒获逆番乍实等”；高善“嘉庆四年任事。先于扶幼时，奉调土练，派目李荣芳带往贵州助剿苗匪。雍正七年（1729），维西猡匪滋事，奉调助剿”；同治八年（1869），高长祐“派调土练克服大理、顺云等处”；光绪二十年（1894），傈僳滋事，高履坤“奉调带练招抚”。[②] 上述史料所载的“土练”即高氏土军。

明末清初，永北高氏土司高斗光为了加强和控制经华坪通往四川的交通线，派遣一支土军到位于东南部山区的营盘一带戍守，他们在长期的生产生活过程中与当地的族群相互通婚而逐渐形成了他留人这一特殊的群体。[③] 因此，在他留人的集体记忆中，他们都认为自己的祖先是明朝洪武年间从湖广长沙府或江西吉安府等地跟随傅友德进入永北的汉族军事移民及其后裔，最初参与修筑了澜沧卫城，后来又被派遣到位于滇川交通要道

① 秦树才：《绿营兵与清代的西南边疆》，载《中国边疆史地研究》，22—29页，2004（2）。

② （清光绪）《永北直隶厅志》，151—152页，昆明，云南大学出版社，1999。

③ 黄彩文：《明代澜沧卫与滇西北交通沿线社会重构》，见赵敏、廖迪生编：《云贵高原的“坝子社会”：道路、资源与仪式诠释》，65页，昆明，云南大学出版社，2018。

的营盘村一带屯守，并修建了他留城堡。[①]很显然，他留城堡是高氏土司为了扼控滇川交通线而专门修建的军事建筑。永北高氏土军也日益成为清廷控制滇西北滇川交通线所倚重的一支重要武装力量。

他留城堡地属今永胜县六德乡玉水行政村的营盘自然村，这里在明清时期曾经是大理通往永胜、华坪两地和四川凉山的唯一通道，清末改经六德后，此道废弃，人烟稀少。[②]他留城堡前有河名他留河，是明清时期连接永北经华坪至四川的重要咽喉，旧时在他留河上建有名为永济桥的木桥通行，雍正年间因木桥损坏而建石桥。乾隆《永北府志》载："永济桥，在城东五十里他留界，为东南要路。旧有木桥圮废，河陡水深，行者病焉。雍正二年，吏员杨大衡为首，偕郡中十余人与高土司高熙勋修建石桥，人甚便之。"[③]在永北府官员杨大衡的组织下，高氏土司高熙勋等人参与了石桥的修建。光绪二十五年（1899），永济桥因遭洪水冲毁而重修，现存《永济桥碑》记录了当时修桥的情况：

> 从来造千万代来往之桥，敢以利行人而补造化之□，功莫大焉，不得以小惠目之也。郡城东，他留地方，西进郡城，东通川界，为商旅孔道也。有河焉，源远流长。六七月间，水势大涨，虽仙莫渡。□□□□□□古修石桥于兹，名大石桥，历有年矣。至今风雨剥蚀，石桥被水冲坏。邀约同志□□，继前人之志。但

① 黄彩文：《彝族支系他留人的历史源流》，载《云南民族大学学报》（哲学社会科学版），79—82 页，2004（3）。

② 宋豫秦：《云南永胜县他鲁人城堡与坟林考察》，载《文物》，69—72 页，1996（5）。

③ （清乾隆）《永北府志》，29 页，云南省永胜县地方志办公室翻印，1993。

一木难支，□理北胜州高扬化捐银壹封，□□□□大厦……众志乃可成城。敬求大夫君子，志士仁人，乐善好施，以共举庶利涉大川，永协安□之吉……诸君子嘉舍乐施□□，亦与之不朽焉……

大清光绪二十五年岁次乙亥春正月吉日重修他留大石桥

倡首卢吴成、张聚源、吴山、雷雨丰、周□□、罗福申、杨祯祥、周□□立

儒学训导周诏来、他留头目王关喜勒撰[①]

从《永济桥碑》碑文可知，地处边陲要冲他留地界的永济桥在明清时期是“西进郡城，东通川界”的商旅孔道。《清史稿》记载：“顺治十八年（1661），从达赖喇嘛及根都台吉请，于云南北胜州以马易茶。康熙四年，遂裁陕西苑马各监，开茶马市于北胜州。”[②] 因此，作为交通孔道的他留城堡成为清代滇川藏茶马古道上的一个重要驿站和集市。由于受南诏大理国佛教文化的影响，高斗光崇尚佛教，于是在城堡内修建了他留大德寺，并移两尊峨眉铜佛供奉于寺庙。[③] 在今他留城堡遗址东南约六百米的峭崖上保留有一人文景观，名“栖云洞”，洞壁中央有高斗光于清顺治十八年题写的“栖云洞”三个大字，左右两侧分别有“引真龙到此”和“谁能超世

① 黄彩文：《云南永胜他留人的档案史料及其价值》，载《云南师范大学学报》（哲学社会科学版），69—72 页，2006（6）。

② 《清史稿》卷 124，《食货五》，3655 页，北京，中华书局，1977。

③ 他留大德寺，位于今永胜县六德乡玉水村委会营盘村。

累，共坐白云中”等多处题词，并刻有“高氏斗光”的印章。此外，石壁上还有不少文人墨客的题词，由此可想见他留城堡当时的繁华景象。

据村寨老人讲述，他留城堡毁于清代“咸同之乱”的兵燹。史料记载，咸丰十一年（1861）七月，杜文秀领导的大理起义军攻占永北府城，一直到同治九年（1870）九月清军收复永北府城，杜文秀起义军在永北的活动时间长达十年之久。[①] 在此期间，杜文秀起义军与清军以及高氏土军在永北境内的他留城堡等地多次发生激战，并有东进四川盐源、木里一带与石达开太平军会合的军事行动。《丽江地区志》记载了杜文秀起义军拟进入四川迎接太平军的经过：“同治元年（1862）冬，十一月十一日，太平天国翼王石达开率师分三路向四川进军。赖裕新部由会理渡金沙江，杜文秀致书与约，并遣大司卫姚得胜率军两万渡金沙江，由永宁进入四川盐源、木里迎太平军。为川督骆秉章所阻而还。”[②] 结合历史文献和民间传说，我们不难发现，杜文秀起义军欲通过高氏土军控制的他留地界经永宁前往四川盐源、木里一带与太平军会合的时间应该是在1862年11月前后，而杜文秀起义军最终未能与太平天国起义军会合的原因除了遭到高氏土军在他留城堡的抵抗外，还有来自四川都督骆秉章所率清军的阻击。经过激烈的战斗，数以千计的他留人在这次战争中丧生，幸存者则四处逃散，有的流落到华坪通达以及四川盐源等地。战乱平息后，他留人又陆续回到了古城遗址附近重建家园，繁衍生息，逐渐形成了今天的双河、玉水

---

① （清光绪）《永北直隶厅志》，172—175页，昆明，云南大学出版社，1999。

② 丽江地区地方志编纂委员会编纂：《丽江地区志（上卷）》，25页，昆明，云南民族出版社，2000。

和营山等村寨，而古城遗址所在的营盘村则被移民的汉族居住，成为一个汉族村寨。[①] 到了光绪三十四年（1908），随着永北高氏末代土司高长钦被朝廷革职以及滇川交通线改道，高氏土军也退出了历史的舞台。

可见，在清末滇川交通线改道之前，清王朝通过绿营兵塘、汛、哨的设置，增强了对西南地区的统治力度。高氏土军依然通过平叛、他留城堡驻守等方式，成为维护滇川交通沿线地区稳定、保持滇川交通线畅通的重要协同力量。

五、结语

明清时期要确保国家长治久安，就必须要控制好西南地区的交通线，以保障人员流动、商贸畅通和地方社会秩序。永北作为滇西北地区滇川藏茶马古道上的重要咽喉，无疑成为明朝廷控制丽江木氏土司及其北部吐蕃势力、经营和控制云南西部经金沙江通往四川交通线的一个政治经济枢纽。因此，作为明王朝在滇西北地区统治体系重要军事依托的澜沧卫，不仅在对统摄金沙江中上游两岸的木氏、高氏等土司势力，监控和镇压铁索箐等地的反叛力量以及控制滇川交通干线，而且在确保明朝与滇西北地区的联系畅通和边疆稳定等方面发挥了重要作用。可见，有明一代，中央王朝通过澜沧卫的设置，永北高氏土军等地方力量的协同，大体上维护了滇川交通沿线地区的稳定，使得滇川交通线能够畅通无阻，实现了对滇川交通线的管控。明中后期，随着卫所制度的崩溃，永北高氏土军等地方力量

① 黄彩文、子志月：《历史记忆、祖源叙事与文化重构：永胜彝族他留人的族群认同》，载《西南民族大学学报》（人文社会科学版），64—70页，2017（3）。

是维持滇川交通沿线地区稳定和交通线畅通无阻的中坚力量。

明初并没有征调土兵大规模参加明廷组织的军事行动，但随着屯军的大量逃亡和屯田的废弛，卫所制度到明代中后期逐渐丧失原有的功能，土军便作为明廷重要军事力量承担起奉调出征和保境安民等职责。具体到永北的例子而言，随着卫所制度的崩溃尤其是澜沧卫被裁撤后，明廷防守滇川通道、平定地方反叛等大规模军事行动时，就主要依靠高氏土军作为重要的军事力量。因此，当中央王朝的正规军队战斗力不足时，偏居于山隅之间的土司便成为其征调和派遣的地方武装力量。这一变化的社会后果，便是一个新的、源于土军却依附于卫所的山区社群在滇川交通沿线发展起来，到了清初卫所被裁撤之后，这一群体发展成为族群化的山区社会，即一个奉卫所军户为祖先的“他留”群体。① 这说明，清朝通过绿营兵塘、汛、哨的设置以及高氏土军奉调、他留城堡驻守等方式协同模式，维护了滇川交通沿线地区的稳定和滇川交通线的畅通。

可见，明清时期，滇川交通线的管控模式经历了从“卫所制度 + 土军协同”到“绿营兵 + 土军他留城堡协同”的管控模式变迁。在王朝更迭过程中，地方军事、民政制度都发生了较大变化，滇川交通线管控模式也经历了相应的变迁，但相对较为稳定的是，永北高氏土军一直是维护滇川交通沿线地区稳定和滇川交通线畅通的重要力量。

---

① 马健雄：《国家体制与西南边疆的社会重构（代前言）》，见赵敏、廖迪生主编：《云贵高原的“坝子社会”：道路、资源与仪式诠释》，5 页，昆明，云南大学出版社，2018。

明清时期制度变迁与西南地区人群分类
——以云南巍山“土家”为中心的研究①

罗勇②

一、问题的提出

在中华人民共和国成立初期的民族识别工作中，参与民族识别的民族学家们发现，在巍山、漾濞、祥云、永平、凤仪等地出现了“土家”族，通过将“土家”族的语言、经济、社会文化与已确定为彝族的群体进行对比，确定“土家”族是彝族的支系。③根据民族识别的调查结果，认为“土家”族本来居住在巍山县，后来往其他地方迁徙。④因此，巍山县是探究“土家”族源流的关键地区。

---

① 初刊于《广西民族大学学报》（哲学社会科学版），18—30页，2020（6）。

② 罗勇，大理大学民族文化研究院研究员，博士。

③ 林耀华：《中国西南的民族识别》，见《云南少数民族社会历史调查资料汇编（三）》，4页，昆明，云南人民出版社，2009。

④ 林耀华、杨毓才、安荣等：《漾濞、祥云、永平、凤仪“土家”族识别小结》，见《云南民族识别参考资料第二阶段》，17—21页，云南省民族事务委员会研究室，1955。

巍山县位于云南省西部、大理白族自治州南部。境内河谷、山地、坝子相间，以巍山坝子边缘为界，东、西两边分别是东部山区和西部山区，俗称“东山”“西山”。东山山势陡峭，与弥渡分界；西山蜿蜒盘亘，与漾濞、昌宁隔黑惠江相望。一般认为巍山在两汉时已设为邪龙县，是南诏国的发祥地，也是南诏诸赕之一的蒙舍赕，大理国初延续南诏设置，后分设蒙舍、开南二镇，元初设蒙舍千户所，后改为州。明初因之，增设蒙化卫，后改州为府。清初裁卫屯归府，后从楚雄府划入定边县地，又改为直隶厅。民国初年析设漾濞、弥渡二县。中华人民共和国成立后改称“巍山县”，旋析设南涧县，形成现在的辖区范围。

巍山境内有汉族、回族、彝族、白族、傈僳族和苗族等民族。回族和汉族主要分布在坝区，部分汉族分布在山区，彝族、白族、傈僳族、苗族等则主要居住在山区。传说彝族原来居住在坝区，在明初修建蒙化卫城时迁移至山区。在日常生活中，汉族称彝族为“土家”“土族”；彝族称山区汉族为“客家”（彝语为“阿哈拔”），称坝区汉族为“本地汉人”（彝语为“哈拔”）。在彝族看来，“客家”来山区时，山区的山场基本都是彝族的，“客家”以租种彝族的山场为生，由此形成彝族为“土”、汉族为“客”的对应关系。山区汉族对此的解释与彝族的解释相同。这些称谓可能是明清时期制度影响下的观念以及区域社会经济关系共同塑造的结果。

在明清制度及区域社会经济关系对族群分类的影响方面，前人已作了不少探索。包鹭宾、方国瑜认为云南境内的“军家”“民家”称谓的出现与明代军户、民户的户籍差异有关，方国瑜还认为“土家”即土司户，是

“腊罗拔”（今巍山彝族）。[①] 林超民延续了方国瑜的观点，认为“民家”是自称，是流官所管户口，即民户；土官所管理的户口是土户，被称为“土家”；“民家”自称出现的原因是白族共同体不仅为了表明自身文化水平不逊于汉族，而且为了与被称为“土家”的“蛮夷”区别开来。[②] 刘灵坪则认为“军家”“民家”的区分是在清代卫所体系解体后由于赋税的差异而出现的。[③] 赋税差异实际上是明清户籍、赋税制度的结果。郑锐达对户籍制度与人群关系的研究颇具代表性。他发现在南方移民地区，作为赋役体系的里甲制度也是划分社会界限和身份的机制。他在此基础上探讨移民的定居发展及世居居民与移民之间的关系。[④] 日本学者塚田诚之、濑川昌久、横山广子编的《流動する民族》收录 15 篇文章，涉及广东、四川、云南、贵州、广西等省区的民族关系，整本书的特色是呈现了国家政策对民族关系变动的影响，强调民族之间关系的互动。其中武内房司认为明代卫所移民、18 世纪以来新来的汉族以及非汉民族在云南形成了“汉”“客”“夷”

---

① 包鹭宾：《民家非白国后裔考》，见马敏编：《包鹭宾学术论著选》，240—275 页，武汉，华中师范大学出版社，2005；方国瑜：《关于白族的名称问题》，见《云南白族的起源和形成文集》，13—14 页，昆明，云南人民出版社，1957。

② 林超民：《白族形成问题新探》，见《林超民文集》第 2 卷，157—161 页，昆明，云南人民出版社，2008。

③ 刘灵坪：《明清时期洱海地区的国家治理与“白人”认同》，79—81 页，复旦大学博士学士论文，2013。

④ 郑锐达：《移民、户籍与宗族：清代至民国期间江西袁州府地区研究》，北京，生活·读书·新知三联书店，2009。

的关系。[①]贾益的研究注意了元明清郡县、土司分界对云南族群分类的影响[②]，强调了政区划分对族际分类的意义。他们的研究不仅表明：在被明清王朝统治过的地区，民族关系无法脱离国家制度的影响，而且证明了从明清制度、区域社会经济关系的角度研究民族关系的可行性。此外，连瑞枝讨论了明代大理"白人"世族在面临明朝政策的情况下，如何发展出不同身份和社会网络的过程，揭示了西南边疆人群在明朝征服后成为政治意义上的边境社会时，人群流动、重组以及为争取身份合法性而致力于重建历史的过程。[③]

明代在云南推行过府卫并置的地区，清代府卫并置体系撤销后，赋税科则和基层社会组织的差别使明代府卫并置下的身份差别观念延续下来，并与清代的土籍、客籍的户籍观念相叠加，形成了复杂的人群关系。这应

---

① ［日］武内房司：《少数民族与汉族》，见［日］塚田诚之、濑川昌久、横山广子编：《流動する民族：中国南部の移住とエスニシテイ》，68页，东京，平凡社，2001。

② 贾益：《清代滇西方志中"土司"、"种人"类目的内外分际》，载《西南民族大学学报》，2018（5）。

③ 参见连瑞枝：《边疆与帝国之间：明朝统治下的西南人群与历史》，台北，联经出版公司，2019。

该是大理地区出现“民家”“军家”的一个重要的制度性因素。[①] 同时我们看到在与大理一山之隔的巍山还因山区土地租佃形成的社会经济关系形成了“土家”“客家”的人群关系。其出现的历史背景是清代垦荒移民进入，向土著租佃土地，改变了当地的经济依附关系，使民族关系在国家制度影响下增加了社会经济关系的影响，变得更为复杂[②]。民族识别时还在云南洱源西山、永胜、邓川等地发现有被称为“土家”的民族支系，[③] 在富宁、文山等地发现有被称为“土”族、“土佬”族民族支系。[④] 其中，洱源凤羽西山“土家”称凤羽人为“客方”。考虑到永胜、邓川、文山、富宁等地都

---

① 如民国《大理县志稿》将大理县境的“民家”亦纳入土籍，曰：“土籍即僰人”，“县中土籍亦多民家子，又白国之后即滇中之土著。”［民国］《大理县志稿》卷3《建设部·户籍》，见《中国地方志集成·云南府县志辑》第73册，69—70页，南京，凤凰出版社，2009。“白国之后”亦被方国瑜、林超民认为是白族的先民“僰”人，因此意味着白族先民在民国时亦有被称为“土著”者。又如（清咸丰）《邓川州志》载：“邓在元代以前多土人，即前志所云白饭王苗夷，俗好白子者欤。自明洪武间迁中土大姓实滇，继置军设屯，与夫官游、寄籍、客游占籍之人望衡对宇，列庐而居。于是土人稀而汉人众。”（清咸丰）《邓川州志》卷4《民类》，见《中国地方志集成·云南府县志辑》第76册，209页上。在邓川州，“土人”实际上即白族先民。

② Fei Huang: Reshaping the Frontier Landscape, Brill, 2018, pp.167–170.

③ 工作组：《云南民族史别参考资料》，47—50页、66—68页，云南省民族事务委员会研究室印，1955。

④ 工作组：《云南省民族识别研究第一阶段工作初步总结》，见《云南民族调查史料钩沉》，81页，昆明，云南人民出版社，2016。

有清代垦荒移民进入的历史[①]，基于田地典买的社会经济关系，应该可以解释这些地区的“土”“客”现象。武陵山区也有“土家”“客家”的先后定居关系，还有“土家”认为与己不同的“苗家”“土家”最终被识别为土家族[②]，若从明清时期该地区的国家制度和区域社会的社会经济关系的角度讨论土家族的历史渊源，或许有助于理解土家族的渊源和形成过程。因此，回答巍山境内“土家”族出现的制度性因素，不仅有助于认识区域范围内的民族关系史，对理解云南甚至其他省份存在的类似现象有普遍意义。

二、明代的国家制度与人群类别

明代蒙化地区的国家制度对人群关系的影响，主要涉及的是府、卫并置下的户籍、赋役差别对人们身份意识的影响。蒙化府隶属于云南布政使

---

① （清咸丰）《邓川州志》卷 3，村户志，见《中国地方志集成·云南府县志辑》第 76 册，208 页下，南京，凤凰出版社，2009；（清）咸丰《邓川州志》卷 4，风土志·民类，见《中国地方志集成·云南府县志辑》第 76 册，209 页上，南京，凤凰出版社，2009；（清光绪）《永北直隶厅志》卷 9，艺文·熊家彦《虑患说》，见《中国地方志集成·云南府县志辑》第 42 册，480 页下—481 页上，南京，凤凰出版社，2009；道光元年六月初九日，张圣愉，附件：请严行饬禁三迤地方汉夷交产事件片，台北故宫博物院藏宫中档奏折，档案编号：405000070；道光二年十二月初七日，尹佩棻，奏闻治理滇省之管见，台北故宫博物院藏宫中档奏折，档案编号：405000254。

② 袁泉、陈林、张绍学：《武陵山区的民族识别及民族经济中的五对矛盾》，载《西南民族学院学报》，1991（2）；黄光学：《中国的民族识别》，187—192 页，北京，民族出版社，1995；潘光旦：《湘西北的“土家”与古代巴人》《访问湘西北“土家”报告》，见《湖南土家族社会历史调查资料精选》，44—211 页、221—241 页，长沙，岳麓书社，2002。

司，蒙化卫则隶属于云南都指挥使司；蒙化府管辖世居居民，蒙化卫管辖移徙；蒙化府所属三十五里主要在山区，蒙化卫所属屯地则分布在坝区。这种府、卫，土籍、移徙分别与山区、坝区的对应关系影响了人们的身份意识。

（一）蒙化居民来源及其户籍分类

明代的户口分为三类，民户、军户和匠户，并以一百一十户为一里，十户为一甲，每里编为十甲。编为里甲者即土籍，承担相应的赋役。此外“其人户避徭役者曰逃户，年饥或避兵他徙者曰流民，有故而出侨于外者曰附籍，朝廷所移民曰移徙”①。明代蒙化境内的土著来自元代该区域的编民，包括镇戍军以及元代接受编户的“爨”“僰”等居民。

元代曾在蒙化境内设蒙舍千户所，但其驻军情况在元代的相关文献中没有留下记录，明代的诸部志书亦未留下相关信息，到清康熙《蒙化府志·风俗》载：“回回，本西域回回国之遗种，元世祖掠徙至滇西，占籍于蒙，入里甲，有差徭。”②宣统《蒙化乡土志稿》亦载：“回，其先阿剌伯人，元初从世祖取云南，遂占籍。”③《巍山回族简史》将元代进入蒙化

---

① 《明史》第7册，1878—1880页，北京，中华书局，1974。

② （清康熙）《蒙化府志》卷1《风俗》，见《中国地方志集成·云南府县志辑》第79册，48页上，南京，凤凰出版社，2009。

③ （清宣统）《蒙化乡土志·人类》，见《乡土志抄稿本选编》第9册，249页，北京，线装书局，2002。

的“回回”当作镇戍军[①]。元代的镇戍军有蒙古军、探马赤军、汉军和新附军四种。其中，探马赤军包括色目人、契丹等非蒙古部落[②]，色目人跟回族有渊源。但明代蒙化地区的卫所没有收编探马赤军的记录，可能与户籍档册因战争被毁[③]，为马赤军官兵脱漏原有户籍提供了机会有关。由于清代延续了明代的里甲、卫所的分置体系，且清初“回回”隶属于里甲，故“回回”在明代亦隶属于里甲。

“爨”包括“罗罗”在内的民族。虽然元人李京对当时以“‘白人’为‘白爨’，‘罗罗’为‘黑爨’”有不同看法，但并不影响当时人对“罗罗”与“乌蛮”“爨”为同族类的认识。[④]又《经世大典》载：“至治二年（1322）十二月，蒙化州兰神场落落磨察火头过生琮，结庆甸蒲火头阿你通，起蒲军二千五百、磨察军五百，劫镇南州定远县当布户计罗黑加等，杀九十九人，虏男女百余人。”[⑤]这里的“落落”即“罗罗”，是对同一族类称谓音译的不同写法，“磨察”即“摩察”，是“落落”的一个分支。又元代张立道担任大理等处巡劝农使期间，教“爨”“僰”农桑之法，山地诸爨

① 本书编写组：《巍山回族简史》，20页，昆明，云南民族出版社，2000。

② 任继愈：《中华传世文选·元文类·经世大典》，737页，长春，吉林人民出版社，1998。

③ 《明太祖实录》卷143，洪武十五年三月丁丑；（清）师范《滇系》第14册，《七之六·典故之沐英传》，清光绪丁亥（1887年）云南通志局刻本，第32叶。

④ （元）李京《云南志略》，见方国瑜主编：《云南史料丛刊》第3卷，128—129页，昆明，云南大学出版社，1998。

⑤ 任继愈：《中华传世文选·元文类·经世大典·招捕·云南省》，726页，长春，吉林人民出版社，1998。

“相率来降，收其地，悉为郡县”。[①] 蒙化山中的“生爨”也于大德十一年（1307）接受招抚而入籍。[②] 这意味着蒙化山地的部分“爨”接受了元代的编户，从“生爨”变成“熟爨”，其原来的地方领袖也被官府任命为基层组织的管理者。如“罗罗”人字青担任昆仑火头，山外“罗罗”人字白充任山外火头，“罗罗”人左禾担任天摩崖火头，等等。[③]

“白人”也是元代蒙化州的编民。南诏在蒙嶲、蒙舍故地设蒙秦赕、蒙舍赕，并任命首领管理；又有开南城，以大军将驻守。[④] 大理国时设开南镇。[⑤] 南诏大理国时期为管理诸赕、城、镇，有“白蛮”官军迁入。元人认为，“白人”即两汉的“僰”以及唐朝的“西爨白蛮”。明清时期蒙化境内亦有“白人”居住。[⑥] 可推测他们在元代也生活在蒙化境内。

蒙化境内南诏大理国以来的各个民族在元朝被纳入编户。在元朝统治

① （清）毕沅：《续资治通鉴》卷185《元纪三》，清嘉庆六年（1801）递刻本。

② （明）倪辂集：《南诏野史·段正》，明祁氏淡生堂钞本。

③ 《土官底簿》卷上《浪沧江巡检司巡检》《备溪江巡检司巡检》《蒙化土知府》，文渊阁四库全书本。

④ 《南诏德化碑·碑阴》，见方国瑜：《云南史料丛刊》第2卷，382页，昆明，云南大学出版社，2001。

⑤ 方国瑜：《中国西南历史地理考释》上册，746页，北京，中华书局，1987。

⑥ （元）李京：《云南志略》，见《云南史料丛刊》第3卷，127—129页，昆明，云南大学出版社，1998；（明景泰）：《云南图经志书》，《续修四库全书·史部·地理类》，101页下；（清康熙）《蒙化府志》卷1《风俗》，见《中国地方志集成·云南府县志辑》第79册，48页上，南京，凤凰出版社，2009。

者看来，汉族和非汉民族都是被征服者，其户口、缴税等都一视同仁。[①]元宪宗三年（1253）元朝控制云南，至元七年（1270）的籍民可能已涉及云南，[②]十九年（1282）再籍云南新附户，[③]所以云南境内在唐代还是羁縻府州的地区，到元代“皆赋役之，比于内地”，[④]甚至对刚征服的金齿等地也定其租赋。[⑤]蒙化境内的“爨”“僰”也接受编户无疑。[⑥]

移徙是明代迁移而来的卫所军户。明朝规定所迁卫所军丁的家室须到卫所。如“洪武二十年（1387）八月乙亥，诏在京军士戍守云南，其家属均遣诣戍所”，进而形成卫所军户。先是自洪武十九年（1386）起在从楚雄到景东每一百里置营屯种，[⑦]彼时今祥云马街以及弥渡部分地区亦有营屯，后设为蒙化卫。卫所移民被明代的地方志称为卫人、汉人。

明代蒙化地区实行府卫并置体系，形成了卫所军户和州府编户的两种户籍身份。卫所体系内根据职责不同有屯军、守军的差别，根据军队来源不同有汉军、土军的差别；土军虽然在卫所服役，但其户籍又在州府体系。

---

① 参见李治安：《元代及明前期社会变动初探》，载《中国史研究》，91—92页，2005（增刊）。

② 《元史》第5册，1345页，北京，中华书局，1976。

③ （清雍正）《云南通志》卷10，《文渊阁四库全书·史部》第569册，272页下。

④ 《元史》第5册，1346页，北京，中华书局，1976。

⑤ 《元史》第5册，3012页，北京，中华书局，1976。

⑥ （明）倪辂辑，（清）王崧校理，（清）胡蔚增订，木芹会证：《南诏野史会证》，352页，昆明，云南人民出版社，1990。

⑦ （清）谷应泰：《明史记事本末》，173页，北京，中华书局，1977。

州府里甲编户有“摩察”“僰”“回回”的族类差别。不仅如此，府卫并置的体系总体上体现为在山区为里甲、在坝区为屯田的空间差别。

（二）里甲、屯田与军民差别

20 世纪五六十年代的少数民族社会历史调查中，在巍山山区彝族村寨中收集到讲述为躲避洪武时期（1368—1398）修建蒙化卫城的劳役，或因修建蒙化卫城被排挤，离开蒙化坝区到山区生存的传说。[①] 这些传说跟明朝初期在巍山筑蒙化卫城密切相关，印证了民国《蒙化志稿》载“承应修城监茨门城军各役，皆土人归附，隶为舍军者”的记载。[②] 这些传说意味着坝区有部分归附者因修卫城离开了坝区，反映了元末明初社会变动对蒙化民族关系的影响。

世居居民离开坝区，并不意味着可以脱离明朝的统治。明代的蒙化地区初设蒙化州，隶属于大理府；正统十三年（1448）升为蒙化府，同时编

① 王丽珠：《巍山彝族土主崇拜调查》，见《云南巍山彝族社会历史调查》，222 页，昆明，云南人民出版社，1986；吴恒：《蒙舍诏及其土著族属初探——通过社会调查结合史志记载探索历时问题实例之一》，见何耀华编：《西南民族研究：彝族专集》，127 页，昆明，云南人民出版社，1987；陈永俊：《巍山谷波罗村彝族社会历史调查》，见《云南巍山彝族社会历史调查》，143 页，昆明，云南人民出版社，1986；方国祥：《巍山龙潭村彝族调查》，见《云南巍山彝族社会历史调查》，152 页，昆明，云南人民出版社，1986；芮增祥：《巍山东山小潭子彝村调查》，见《云南巍山县彝族社会历史调查》，135 页，昆明，云南人民出版社，1986；刘树生：《大理专区的民族关系》，见《中央访问团第二分团云南民族情况汇编汇集》上册，263 页，昆明，云南民族出版社，1986。

② （民国）李春曦修，梁友檍纂：《蒙化志稿》，179 页，芒市，德宏民族出版社，1996。

里甲。[①]一般认为像蒙化府这种土府不编户，不承担赋税，但根据“凡免造地方，洪武二十四年（1391）奏准，凡云南各府攒造黄册，除流官及土官驯熟府分依式攒造外，其土官用事、边境玩野之处，里甲不拘定式，听从实造编”[②]。此处所言不拘定式是指不必按照每里110户的标准。蒙化府虽是土府，所属区域仍须编户，共编为三十五里。[③]山区“夷倮”即属于编户。王鸿绪《明史稿》载：蒙化府“所部在江内诸蛮性柔颇驯扰，在江外数枝以勇悍称，每应征调，多野战，无行伍”[④]。此处之“江”是位于巍山西部的黑惠江。从正德《云南志》卷6《蒙化府地图》以及《山川》部分可知，黑惠江以西有部分区域为蒙化府所辖。[⑤]又《蒙化左土官记事》载：“据本府蒙城等乡里耆老亲族苏春等连名告称，本府人民俱系夷倮”，又曰“天顺五年（1461），月日不等，准本府关为征收税粮事，承奉云南等处承

① 《明英宗实录》卷167，正统十三年（1448）六月庚申；（明）景泰《云南图经志书》，《续修四库全书·史部·地理类》第681册，101页下。

② （明万历）《明会典》卷20《户部七·户口二·黄册》，133页，北京，中华书局，1989。

③ （明正德）《云南志》卷6《蒙化府》，《天一阁藏明代方志选刊续编》第70册，296页，上海，上海书店，1980。

④ （清）王鸿绪：《明史稿·列传第一百八十七·云南土司一·蒙化》，敬慎堂雍正元年刻本，第18叶。

⑤ （明正德）《云南志》卷6《蒙化府地图》《山川》，见《天一阁藏明代方志选刊续编》第70册，294页、298页，上海书店，1980。如《山川》曰：“鸟吊山在府城西南二百里崑崘山中”，据《蒙化府地图》崑崘山已在黑惠江以西，故可知黑惠江以西亦有属于蒙化府者，盖即三十五里之崑崘诸里。

宣布政司札付，坐委五世祖伯左琳督属征收本府各里本年分税粮"。[①] 人民虽然"俱系夷倮"，但仍被编为里甲，承担赋役。

实际上，三十五里还包括坝区的"回回""僰""罗罗"。巍山坝区在明代没有"回回"的记载，到清初有"回回"隶属于里甲的记录。由于清代延续了明代的里甲体系，故"回回"在明代亦应隶属于里甲。坝区的"僰"与汉人居于近城，"男女勤于耕织，会饮序齿而坐，婚姻必察性行，皆非前代之故习"[②]，与汉人习俗相近。坝区边缘也有少量彝族村寨，如大仓镇甸中村民委员会的有食村和以龙于村为中心的天摩崖片区是巍山境内坝子边缘较大的彝族聚居村落。大多数彝族村都分布在山区，像有食村和龙于村分布在坝区边缘的现象比较少见，可能与其家族有成员进入明代府州卫所体系有关。

坝区有"回回""僰""罗罗"等纳入里甲编户，却称"本府人民俱系夷倮"，把三十五里的范围等同于山区。出现这种现象可能跟坝区的编户主动学习汉文化，融入汉族，将自身与山区"夷倮"区别开来有关。明朝控制蒙化初期，并未设置卫所，只设蒙化州，以左氏为土知州。境内仍有认同元朝的元朝遗民，如白崖头目高天惠。[③] 这些遗民因反叛而被处置。这导致的结果是，不愿接受明朝的僰人逃离坝区；接受明朝的人接

---

① 《蒙化左族家谱》，见《大理丛书·族谱篇》第1卷，325页、323页，昆明，云南民族出版社，2008。

② （明景泰）《云南图经志书》卷5《蒙化府·风俗》，见《续修四库全书·史部·地理类》第681册，101页，上海，上海古籍出版社，2002。

③ （清雍正）《云南通志》第二十四卷，清文渊阁四库全书本。

受明朝的教化，改变认同，于是景泰时已可以看到蒙化境内“近城居者多汉、僰人，男女勤于耕织，会饮序齿而坐，婚姻必察性行，皆非前代之故习”的现象，即反映了留在坝区的“僰”逐渐认同汉文化，甚至不愿被当作“夷”“僰”，刻意强调与山区“夷倮”的不同。[①]

世居居民离开坝区，坝区土地为明朝卫所屯田、军民开荒提供了土地。卫所屯田是由卫所分配给屯军耕种的国有田土，屯军承担卫所官军及本户眷属的粮食供应。[②] 有足够劳动力和资金的军户则可以通过开荒或购买而拥有需要承担相应的赋税的私有土地。[③] 卫所守军居住在卫城。《明太祖实录》载：“洪武二十年（1387）冬十月戊午，诏凡军士置营，从各卫所居止，不许越伍离次。”蒙化卫设左、右、中、前、后、中左、中右、中前八千户所，各千户所公署在蒙化卫城。[④] 屯军则居住在屯田附近。根据肖立军的研究，屯军“起初按卫所总小旗编伍成军，特别强调以百户所为屯所，或若干百户所为一屯。但在很多地方，屯军分散居住，居住单元的规模小于百户所，形成若干军屯处所”[⑤]。蒙化卫的屯田处所，“白岩屯在

---

① 林超民：《白族形成问题新探》，见《林超民文集》第 2 卷，157—161 页，昆明，云南人民出版社，2008。

② （明万历）重修《明会典》卷 20，国学基本丛书·第 5 册，482 页。

③ 张金奎：《明代卫所军户研究》，231 页，北京，线装书局，2007。

④ （明景泰）《云南图经志书》卷 5《蒙化府》，《续修四库全书·史部·地理类》第 681 册，102 页上，上海，上海古籍出版社，2002。

⑤ 肖立军：《明代军屯处所及管屯公署探略——兼谈清代卫所与屯所关系及变革大势》，载《史学集刊》，10 页，2019（5）。

白岩川内，小云南屯在大理府云南县北，甸头屯在府北六十里甸头巡检司南”[①]。以上地区均属于坝区。据《巍山彝族回族自治县地名志》，全县汉族村寨有379个。其中以“厂”为通名的有30个，以“官厂”为通名的有11个，以“旗厂”为通名的有8个。[②]因为巍山汉语方言不分前后鼻音，出现“an”“ang”混读的现象，“产”被读为“厂”。[③]这些带“厂”的村庄在明代多属卫所屯军驻地。

明朝在蒙化地区总体上形成了坝区为卫所军户、山区为里甲编民的空间分布格局。在这种格局下，卫所军户和里甲编民享受不同的资源，承担不同的义务，形成并强化了“你群”“我群”的身份差异。这种身份差异在清代的制度影响下得以延续，并与清代制度下的新形成的身份差异相互叠加，形成新的人群关系。

三、清代的国家制度与人群关系变化

清初裁革蒙化卫使卫所军户后裔与里甲编民同隶属于蒙化府，但基层设置和赋役差别仍保留了汉、夷差别。清中后期垦荒移民编入保甲，再次改变了蒙化境内的人群关系，也改变了山区的社会经济关系。

---

① （明正德）《云南志》卷6《蒙化府》，《天一阁藏明代方志选刊续编》第70册，300页，上海，上海书店，1980。

② 《巍山县地名中厂、官厂、旗厂、官庄等的由来》，见《巍山彝族回族自治县地名志》，155页，1984。

③ 《巍山彝族回族自治县志》，742页，昆明，云南人民出版社，1993。

（一）裁卫归府与军民差别

与明初的户籍政策相似，清初亦要求居民根据明代的户籍分类首报户口。[①] 蒙化在云南属于腹地，其境内“回回”“倮罗”“僰”等居民在元代、明代就已编户，在清代“腹民计以丁口”“久经向化”的民族“按丁口编入民数”政策下，[②] 仍纳入编户。

清初蒙化的户籍仅列“土著”“客籍”。“土著”是指在户籍地生活的人。以此而言，清初卫所军户后裔亦是“土著”，甚至陆韧和林超民教授认为云南的卫所移民在明代已成为“土著”。[③] 因此，清初蒙化府的“土著”包括编为里甲的“倮罗”“僰”“回回”，以及编为屯所的卫所军户后裔。[④] 客籍是在移居地有产业的流寓和客商等客民群体的户籍。巍山境内的客民是明代随着蒙化卫军事移民进入的商人。从户籍层面上讲，这些客民在清代中期就获得了“土著汉人”的身份，他们跟卫所移民后裔一样，享受当地的各种资源。虽然他们在户籍上具有“土著汉人”的身份，但他们自身

① 《大清律例汇辑便览》卷8《户律户役·人户以籍为定》，同治十一年（1872）刻本。

② 《清史稿》第13册，3480页，北京，中华书局，1989。

③ 陆韧：《变迁与交融》，144—146页，昆明，云南教育出版社，2001；林超民：《汉族移民与云南统一》，载《云南民族大学学报》，2005（5）。

④ （清康熙）《蒙化府志》卷1《风俗》，见《中国地方志集成·云南府县志辑》第79册，48页上，南京，凤凰出版社，2009；（清康熙）《云南通志》卷4《建置郡县》，日本京都大学藏康熙三十年（1691）刻本，53页。

仍然认同家乡，以来源地域为单位组织会馆。[①] 如到清代后期，四川籍的客商组织了“四川旅蒙同乡会”，建有四川会馆，俗称川庙。[②]

清代将蒙化府管辖的三十五里编为安远、蒙城和新兴三乡，[③] 一开始以坝区屯户为各里催役，康熙三十六年（1697），因为屯户离山区里甲太遥远而改归里甲，由各甲户首轮流充任催头，书手专管钱粮；土官任命目把约束“夷民”，凡遇公件协力应办，巡查隘口，盘诘奸宄匪类，劝谕里民早完粮赋。[④] 屯的基层管理与此不同。清朝从康熙五年（1666）到二十六年（1687）完成了明代卫所军丁、屯田的归并州县工作，蒙化卫也实现卫所裁并。此后蒙化卫所属田地、赋税、人口属流官管辖，但卫所基层社会仍以屯为单位，并分为十五屯、二十三约；[⑤] 每所设册书一人，掌底册，按

---

① 王东杰：《“乡神”的建构与重构：方志所见清代四川地区移民会馆崇祀中的地域认同》，载《历史研究》，2008（2）。

② 本书编写组：《巍山彝族回族自治县民俗志》，41页，昆明，云南民族出版社，2012。

③ （清康熙）《蒙化府志》卷3《赋役志·户口》，见《中国地方志集成·云南府县志辑》第79册，88页下—89页上，南京，凤凰出版社，2009。

④ （清康熙）《蒙化府志》卷3《赋役志·田赋》，见《中国地方志集成·云南府县志辑》第79册，75页上，南京，凤凰出版社，2009；清康熙五十九年（1720）《云南蒙化府世守正堂为详叙创设乡保冗役等事》，见赵敏、王伟：《大理民间契约文书辑录》，330页，昆明，云南大学出版社，2018。

⑤ （清康熙）《蒙化府志》卷3《赋役志·户口》，见《中国地方志集成·云南府县志辑》第79册，89页上，南京，凤凰出版社，2009；清康熙五十九年（1720）《云南蒙化府世守正堂为详叙创设乡保冗役等事》，见赵敏、王伟：《大理民间契约文书辑录》，330页，昆明，云南大学出版社，2018；（清宣统）《蒙化乡土志稿·地理》，见《乡土志抄稿本选编》第9册，271—275页，北京，线装书局，2002。

伍投递年催办，由屯军按伍轮充任催役。[①]

卫所屯田归并府州县后，仍保留民、屯差别的现象在云南不是孤例。如兴新州“军居曰屯，民居曰村，彝居曰寨”[②]；大姚县“军屯田为军屯，民之所居为民村”[③]；楚雄县“域分八界，曰民东、南、西、北四界，曰军东、南、西、北四界”[④]；马龙县“州境四乡一所，乡皆民村，所中皆军屯也”[⑤]；永北府“屯伍：永北自西山关以外为近屯，南山关以外为远屯，分为各伍，明置卫所每伍以千百户领之，后裁卫，其伍名尤存，今征屯赋仍按伍催收焉”；“乡村……以上多属高、章、子三土司夷村，亦有汉夷杂居之处”[⑥]；鹤庆分为十三图和前前、右右二所十九屯。[⑦] 因此，卫所屯田地

① （清康熙）《蒙化府志》卷3《赋役志·田赋》，见《中国地方志集成·云南府县志辑》第79册，75页上，南京，凤凰出版社，2009；（民国）《蒙化志稿》，47页，芒市，德宏民族出版社，2006。

② （清乾隆）《新兴州志》卷3《地理·乡屯》，见《中国地方志集成·云南府县志辑》第26册，446页上，南京，凤凰出版社，2009。

③ （清道光）《大姚县志》卷2《地里·村屯》，见《中国地方志集成·云南府县志辑》第63册，441页，南京，凤凰出版社，2009。

④ （清嘉庆）《楚雄县志》卷1《疆域》，见《中国地方志集成·云南府县志辑》第59册，19页下，南京，凤凰出版社，2009。

⑤ （清雍正）《马龙州志》卷3《乡屯》，云南省社会科学院图书馆藏抄本。

⑥ （清乾隆）《永北府志》卷8《户口》，见《中国地方志集成·云南府县志辑》第42册，34页下—36页上，南京，凤凰出版社，2009。

⑦ （清康熙）《鹤庆府志》卷8《户口》，见《大理丛书·方志篇》第8卷，207—210页。

和军丁虽然归并到州县，但是“里为民田、民地，卫为屯田、屯地”[①]，已成为清代云南的基本现象。

屯所与里甲的赋税科则也有差别。清朝将卫所田地全部划拨给附近府州县，成为国有的土地。屯军要向府州县租佃原来耕种的屯田地[②]。所以屯军要承担赋和租，负担很重，以至于“屯田一亩之科，几纳民田十倍之征，是以拖欠逃荒年甚一年”[③]。因此，“各卫人民以屯粮为重，争种民田民地”[④]。屯军丁税也比民户重。康熙时期无论是军还是民，丁男分为上中下三等，按丁口计税，但民户负担轻，军户负担重。如民户上丁每丁编银一钱四分，中丁一钱二分，下丁九分；军户则上丁每丁编银六钱二分，中丁四钱八分，下丁二钱八分。[⑤]虽然随着赋役制度的改革，屯田地、民田地的赋税科以及屯丁、民丁的条编银的标准趋于统一，但整个清代的赋役统计始终有屯、民的差别。[⑥]

---

① （民国）龙云、周钟岳：《新纂云南通志》第7册，10页，昆明，云南人民出版社，2007。

② 《大清会典事例》卷165《户部·田赋·屯田》，《续修四库全书·史部·政书类》第800册，658页上。

③ （清康熙）《云南通志》卷29《艺文·三·王继文·筹请屯荒减则贴垦荒》，日本京都大学藏康熙三十年（1691）刻本，第98—99页。

④ （民国）龙云、周钟岳：《新纂云南通志》第7册，10页，昆明，云南人民出版社，2007。

⑤ （民国）《蒙化志稿》，81页，芒市，德宏民族出版社，1996。

⑥ 关于屯田地与民田地之间赋税科则统计的差别，可以参考清代云南各府州县地方志中的赋税部分，因资料太多，不再例举。

虽然清初结束了府卫并置的管理体系，但里甲编户和屯所的基层设置和赋役差异仍然存在。因此明代府卫并置产生的军、民差异并没有消失。正如刘灵坪发现，正是在赋税差异下，洱海区域出现了“民家”的自我意识①，但在与洱海一山之隔的巍山，“僰”不但没有发展出“民家”的自我意识，反而融入汉人当中。

（二）垦荒移民客民化与人群关系变化

随着内地人口的增加和土地承载力的饱和，大量垦荒移民涌入川滇、滇黔交界地区，购买、租佃土司地耕种，影响“夷民”生计，甚至引发冲突；② 但多民族社会的均衡状态发生动摇以及基于市场原理的经济交流，使清朝不再采取限制垦荒移民迁移的政策。③ 正是基于此，清朝中期以后允许有耕地的垦荒移民在移居地附籍。如在处理道光元年（1821）永北地区土目典卖土地给汉民案件的过程中，允许汉人继续耕种土司没能力赎回的

① 刘灵坪：《明清时期洱海地区的国家治理与“白人”认同》，79—81页，复旦大学博士论文，2013。

② 《清宣宗实录》卷18，道光元年（1821）五月辛亥；《续云南通志稿》卷84《武备志·戎事杂记》，国家图书馆藏光绪二十七年（1901）四川岳池县刊本；梁肇庭：《中国历史上的移民与族群性：客家人、棚民及其邻居》，78—79页，北京，社会科学文献出版社，2013；郭松义：《清代的人口增长和人口流动》，见《清代社会环境和人口行为》，26—34页，天津，天津古籍出版社，2012；［日］武内房司：《清代雲南焼畑民の反乱——一八二〇年永北リス族蜂起を中心に》，载《呴沫集》，276—288页，1992。

③ ［日］武内房司：《少数民族と漢族》，见［日］塚田誠之、［日］瀬川昌久、［日］横山广子编：《流動する民族：中国南部の移住とエスニシティ》，63—82页，东京，平凡社，2001。

土地；[①]并实行汉民、“夷民”分别编排保甲，即垦荒移民由客长、庄头编排保甲，永北同知发给门牌；“夷民”则由伙头编排保甲，土司发给门牌。[②]这意味着适当允许垦荒移民在垦殖地区落户将逐渐成为现实。云南其他地区也采取同样的办法。道光三年（1823）云贵总督明山汇报开化、广南地方外来民人已由客长稽查，并编查保甲，苗民则分设头人，另编户册，分别管束。[③]十六年（1836）威远厅也“奉文稽查流民，造册详报”，将人口分为“土著民”“土著”屯民和“客籍民”，商人由客长稽查，其垦荒移民归各里乡约，附入保甲，旷远之处垦山种地的移民皆归客长稽束，或入村寨保甲；续来垦荒移民由约保伙头按名取结具保[④]也分别管理。这种做法成为道光以后云南各地对垦荒移民编排保甲的通例。

随着附近省份人口饱和，垦荒移民进入蒙化亦无法避免。地方志和官方档案中没有关于蒙化清查垦荒移民的资料，但不能否认蒙化山区有垦荒移民居住。清初蒙化境内各省流寓之后及乱后寄籍于蒙者编为客籍，[⑤]垦荒移民亦可能混入其中。虽然清早期云南地方官员认可的垦荒模式是招募本

① 《清宣宗实录》卷18，道光元年（1821）五月辛亥；卷19，道光元年（1821）六月丁亥。

② 中国第一历史档案馆编：《道光朝上谕档》第2册，297页上，桂林，广西师范大学出版社，2008。

③ 《清宣宗实录》卷54，道光三年（1823）七月戊寅。

④ （清道光）《威远厅志》卷3《户口·奏为遵旨稽查流民酌议章程》，见《中国地方志集成·云南府县志辑》第35册，93页下—95页上，南京，凤凰出版社，2009。

⑤ （清康熙）《蒙化府志》卷1《风俗》，见《中国地方志集成·云南府县志辑》，第79册，48页上，南京，凤凰出版社，2009。

地民、“夷”垦荒，[①]矿山也只允许殷实有力之家或富商大贾招来本地矿工开采；[②]但从其他地方来看，流民冒充客商、贿赂客长，而获得居住权的情况比较普遍；[③]再加上移民只要按规定登记，接受客长管理，就可在移居地居住。[④]道光时期将垦荒移民编入保甲，获得客籍身份；清初的客籍则早已居住达二十年，成为“土著”。[⑤]清末蒙化的户籍已不再分汉人和客籍，仅列汉户，且认为“汉人皆居平原，居山者尽倮夷”[⑥]，忽略山区的垦荒移民。

清后期有垦荒移民进入蒙化山区。蒙化境内的田地分为上、中、下三等，康熙三十二年（1693）时已开垦民赋久荒下则地七十五亩多，[⑦]意味着

① （民国）《新纂云南通志》卷138《农业考一·田制·屯垦清丈·雍正五年》，1948年印本，11页—12页；《清朝通典》卷1《食货一·田制·民田·乾隆五年》，国学基本丛书本。

② （清康熙）《云南通志》卷29之2《艺文三·本朝奏疏·蔡毓荣·筹滇第四疏·议理财》，日本京都大学藏康熙三十年（1691）刻本，第24页。《清圣祖实录》卷255，康熙五十二年五月辛巳。

③ 《清朝通典》卷1《食货一·田制·民田·康熙二十九年》，国学基本丛书本；《清世宗实录》卷67，雍正六年三月丁丑；《清高宗实录》卷311，乾隆十三年三月壬子；（清）贺长龄：《皇朝经世文编》卷82《兵政十三·山防·严如熤·规画南巴棚民论》，光绪己亥（1899）上海中西书局石印本。

④ 《清高宗实录》卷650，乾隆二十六年十二月戊辰。

⑤ 《清史稿》第13册，3480页，北京，中华书局，1989；曹树基：《中国移民史·第六卷·清、民国时期》，168页，福州，福建人民出版社，1997。

⑥ （清宣统）《蒙化乡土志稿·户口》，见《乡土志抄稿本选编》第9册，263页，北京，线装书局，2002。

⑦ （民国）《蒙化府志》，94—95页，芒市，德宏民族出版社，1996。

中、上则的民田在此时已基本复耕。到康熙五十年（1711）左右，云贵川广抛荒的田地都被开垦完，甚至“沙石堆积，难于耕种者，亦间有之，山谷崎岖之地，已无弃土，尽皆耕种矣”[①]，蒙化也应当是此种情况。这意味着垦荒移民往坝区发展的可能性小，谋生的机会在山区。如道光十六年（1836）的一份奏折提到“云南地方辽阔，深山密箐，未经开垦之区多有湖南、湖北、四川、贵州穷民往搭寮棚居住，砍树烧山，艺种包谷之类”，[②]道光十八年（1838）甚至劝民众开垦高山土地。[③]这些都表明有大量垦荒移民在山地垦殖。到清末，李根源《滇西兵要界务图注》载：“自楚雄来，凡穷乡僻壤，或深山穷谷中，皆有四川人侨居垦殖。故滇人称川人曰‘火烟到’，以其有火烟之处无不到。滇中土旷人稀，川人能耐苦，善耕种，迁来之人愈多，愈滇土之利也。”[④]蒙化也不例外。如宣统《蒙化乡土志》“人种”部分新增了“居以柴棚，无房屋”的苗族[⑤]。“搭寮棚居住”是清代山区垦殖移民的明显特征，也因此被称为“棚民”。[⑥]苗族也属于山

① （清光绪）《续云南通志稿》卷35《食货志·户口》，国家图书馆藏光绪二十七年（1901）四川岳池县刊本。

② （清道光）《威远厅志》卷3《户口·奏为遵旨稽查流民酌议章程》，见《中国地方志集成·云南府县志辑》第33册，93页下，南京，凤凰出版社，2009。

③ 《清宣宗实录》卷306，道光十八年二月癸亥。

④ 李根源：《滇西兵要界务图注》卷1，甲二十三号·永平县·新路至新白土铺，《曲石丛书》本，17页b。

⑤ （清宣统）《蒙化乡土志·人类》，见《乡土志抄稿本选编》第9册，256—257页，北京，线装书局，2002。

⑥ （清）张廷玉：《请定安辑棚民之法疏》（雍正二年，1724），见《皇清奏议》卷25。

区垦荒移民一类。

清宣统之前汉族已在蒙化山区居住。他们被彝族称为“客家”，又被地方文献称为“火山客”。火山客“系客籍人，多选林木茂密之处，堆叶焚烧，开垦种植，俟地力尽，遂徙而之他”[①]，描述的就是从外地迁来蒙化的垦荒移民。亦因之形成了一些名为“火山村”的汉族村寨[②]。与坝区的移民有明代迁来的历史相比，这些居住在山区的垦荒移民来得晚。他们主要分布在西山铁厂河流域，再往西北沿黑惠江东岸直达紫金；在中南部则以歪角河、鼠街河流域为多；青华、牛街阿四路也是山地汉族较为集中的地方。这种分布格局跟西山的地貌、物产密切相关。巍山西山山脉东西较广，山势较平缓，有许多缓坡适宜居住、耕作，也富有矿产，可以为很多无地移民提供食物、经济来源。山地汉族分布在地僻人稀的区域，大都不跟彝族杂居，而是在离彝族村寨有一段距离的山凹、河谷建立村寨。户与户之间有一定距离，不像坝区汉族村落和山地彝族村寨那样聚居。[③]从山地彝族村寨、汉族村寨的布局区别可以很容易判断，彝族比汉族更早居住在山地，甚至在中华人民共和国的土地改革之前，部分彝族是地主，汉族是佃农。因此山区的彝族称这些佃农为“客家”，彝语为“阿哈拔”。

---

① （民国）丁保琛：《蒙化县知事呈县区域地志资料并图》，云南省图书馆藏抄本，1923。

② 巍山彝族回族自治县人民政府：《巍山彝族回族自治县地名志》，20页、35页、37页，内部资料，1984。

③ 从巍山坝区汉族村寨和山区彝族村寨布局来看，历史越久的村寨，聚居程度越高，到无法容纳新建房屋时，村民不得不搬到村寨之外修建房屋。这种变化模式是从一户一村到若干户一村再分出一户一村的循环过程。

垦荒移民早期以租佃耕种为生。如“租约存照”载：

> 立租约人梁洪顺系四川大桥住，今立租约为因移居云南蒙化县碗窑村，租到本村钟秀罗大兄弟名下茅屋一间、田一分，坐落水碓房，东至河，南至罗姓岭坪，西至水沟，北至□□，四至开明。内有茅屋在内，来时修补，去时不能拆瓦，□□□□。中间议纳包麦三斗五升，押头洋十元现金，并无□弊，每逢时熟付清，不致欠少升合。倘若欠少升合，有保人杨树生、李朝佐一力承担。再者欠少照市折扣。如不佃种，不欠租，押头洋照数□还。此系二比情愿，中间并无逼迫强等情。恐口无凭，立此租约为据。再批：不欠升合生事，不得拔田归赶，仍然梁姓照管耕种。[①]

“不欠升合生事，不得拔田归赶，仍然梁姓照管耕种”，由此表明，这是一个永佃契约。垦荒移民通过此种方式在移居地获得土地和房产。有的垦荒移民租佃了蒙化左氏土官舍人的庄田。蒙化左氏土官的五族舍人在紫金的金沙坪、朱各底，马鞍山的山后箐、肥度村、柏木库、麦作村、歪角，龙街的六甲、跨马村、落龙村、礼可村地设有庄田。这些庄田基本都是佃农或长工耕种。[②]租佃左氏庄田的佃户可能因此从属于左氏，甚至就在租佃的庄田附近建房居住。如三鹤、麦作、苗家等地以前是左土官

---

① 存于大理大学民族文化研究院地方文献与区域社会研究所。

② 薛琳：《巍山彝族左氏土官社会历史调查》，见《云南巍山彝族社会历史调查》，62页，北京，民族出版社，2009。

的庄田，这些村寨的人是左土官的佃户。[①] 山区也有一些是清末兴起的地主，如铁厂河流域前山、后山的山场由罗旧村的掩百万、青云毕家村的毕胜庭、芝麻坎的罗玉荣三家彝族地主所有。歪角河流域除了三鹤的左氏土官支裔，还有歪角的刁有才。[②] 垦荒移民也租佃地主的山场、土地。如许氏从江西到湖北、贵州，到四川再到云南，过着四处游荡的狩猎生活，到20世纪40年代来到巍山西山，1943年其次子在歪角被国民政府抓去当兵，为了等儿子，许氏便在歪角住下，成为刁有才的佃户。[③]

在地僻人稀地方垦荒的移民是另外一种生存方式。一般情况下，垦荒移民刚到山区时，找个较为偏僻的地方，看准水土，就暂时住下开荒，一旦被地主发现，就商量租金，交得起的就交租继续耕种，交不起则搬家，另外找地开荒。甚至有已答应交租但由于地主逼得紧而拿不出租金的，就连夜搬家。所以垦荒移民初期的住房都很简单，四面筑墙，山墙间搭一根横梁，几根檩子，盖上茅草。搬家时取下横梁，铺盖一卷就搬走。[④] 因此

① 王丽珠：《左氏土司庄子土官村调查》，见《云南巍山彝族社会历史调查》，101页，北京，民族出版社，2009。

② 访谈：2016年1月29日，巍山马鞍山乡三胜肥毕村，毕文跃；2016年1月30日，巍山马鞍山乡后山村，郑传久；2016年1月31日，巍山马鞍山乡上河村，许琢禄；2017年1月29日，巍山马鞍山乡打马度村，龚国松。

③ 《许氏置藏略述祖籍流芳及生庚命簿》，1949年抄本；访谈：2016年1月31日，巍山马鞍山乡三鹤上河村，许琢禄。

④ 访谈：2016年1月30日，巍山马鞍山三胜后山村，郑传寿。

山地移民也有"趱家人"的称呼[①]。

在中华人民共和国时期的土地改革前，移民在山区从事矿业活动、租佃、佣工等，[②]是世居彝族地主的佃户，土地依赖于彝族地主。在此社会经济关系上，形成了山场主人与佃客之间的身份差异。因此，虽然有经济依赖关系，但在当时户籍身份差别基础上的民族隔阂，强化了"土家"与"客家"之间的界限。中华人民共和国成立后，实现了民族平等，实行了土地改革，"客家"获得了土地，种植核桃、梨、芭蕉等果树，彝族则依赖松茸创造收入。尤其是山区交通的改善和山区内部集市的形成，为汉族与彝族之间增进了解创造了条件，促进了山区汉族、彝族之间的交往交流交融。

四、总结

在中华人民共和国早期的民族识别过程中，让参与民族识别的民族学家困惑的"土家""土族"，虽然经过调查其语言、经济、社会、文化，被确定为彝族的一个支系，但当时并未解决出现"土家""土族"称谓的原

① 邵世远：《趱家人》，见《大理文史资料选编》第 3 辑《社会纵横》，243—244 页，昆明，云南民族出版社，2009。

② 《胡氏宗谱志述记本》，1970 年抄本；访谈：2016 年 1 月 30 日，巍山马鞍山乡三胜后山村，李文治。《龙记沥置藏羽音武陵郡宗族谱籍簿》，1964 年抄本；访谈：2016 年 1 月 31 日，巍山马鞍山乡三鹤上河村，龙正霖。《祖德宗功流传纪年谱记》，1935 年抄本；访谈：2016 年 1 月 30 日，巍山马鞍山乡三胜后山村，郑传寿。

因，或以为是土司所属而名曰“土族”；[①]特威德尔发现，生态、权力关系和社会距离对蒙化“土”“汉”族类分界线形成的影响，[②]笔者则发现“土家”“土族”的出现跟明清时期国家制度的变化以及人口流动和社会经济关系有着密切关系。

“本地汉人”的称呼则是针对“客家”而言的。“本地汉人”是坝子中的汉族，客家则是山区的汉族。两者的户籍身份、居住时间长短以及居住区域不同。“本地汉人”包含明代通过卫所移民进入巍山的汉族，他们在明代被称为移徙，分布在坝区；还包含明清时期坝区主动融入汉人的“僰”“夷倮”，是清代户籍意义上的“土著”。“客家”则是清代道光以后以垦荒移民的身份进入山区，接受客长管理，单独编为保甲，被列为客籍。在垦荒移民获得客籍身份的同时，清初的客籍则获得了土籍身份，成为“本地汉人”。

坝区汉族称彝族为“土族”“土家”，是明代户籍分类下形成的人群意识的延续。明代的卫所移民后裔理解的土著是元代的编户，他们自身是移徙。到清代即便明代的移徙后裔与土籍后裔有了共同的土籍身份，但由于基层管理的军、民之别以及赋役的差异强化了人群差别意识，移徙后裔仍强调自身的移民身份，称比其更早居住在巍山的居民为“土族”“土

① 方国瑜：《关于白族的名称问题》，见《云南白族的起源和形成文集》，13—14页，昆明，云南人民出版社，1957。

② Colin E Tweddel, “The Tuli-Chinses Balk Line: Minimal Group Self-Identity”, in R E Holloman, Serghei A Arutiunov, Perspectives on Ethnicity. The Hague: Mouton Publishers, 1978, pp.301–325.

家”“土人”。

山区汉族称彝族为“土族”“土家”，是对清代山区世居人群的称呼，也是山区汉族与彝族先民之间的经济关系的反映。彝族先民至少在明代已居住在山区，并纳入里甲，被称为“土著”“土人”“夷倮”，到清代时他们仍然如此。但随着内地人地矛盾，垦荒移民到山区垦荒，单独编为保甲，受客长管理，获得合法居住权，被称为客籍，进而山区的户籍出现了土籍和客籍并存的现象。客籍晚于土籍居住在山区，以租种山区土籍的山场为生，成为土籍的佃户，所以客籍与土籍之间形成租佃关系。这种关系直到中华人民共和国时期的土地改革才结束，以至于现今“土家”“客家”的对应称呼在日常生活中仍较为常见。

巍山县的这种现象在中国西南地区具有普遍性。明代云南的卫所军户以移民为主，被称为移徙；府州县民户和原籍军户被编入里甲，称为“土著”。明代云南卫所多与府州县同城，卫所屯田与府州县民田交错分布；但卫所军户与附近府州县编户之间的管理体系是不同的，卫所军户隶属于都司军事体系，府州县的里甲则隶属于布政司民事体系。清代革除卫所的军事功能，保留其屯田功能，将卫所军户和屯田全部归并到附近府州县，结束了卫所军户与府州县编户隶属于不同体系的历史，使卫所军户后裔与“土人”均隶属于府州县管理，承担赋役，与清初的客商、流寓等客籍相区别。虽然卫所军户、屯田和府州县编户、民田均隶属于府州县管理，但在基层社会管理、赋税等方面仍然保留了卫所体系与府州县体系的差别，[①]使明代的土籍与移徙之间的差别延续下来。到清代中后期允许垦荒移民附

① 毛亦可：《清代卫所归并州县研究》，198—257页，北京，社会科学文献出版社，2018。

籍，使垦荒移民附籍之前的客籍成为土籍，客籍则成了清中后期以来附籍的垦荒移民的身份。垦荒移民主要分布在山区，与山区世居居民形成租佃关系，因此土籍与客籍之间的对应关系在山区尤为明显。

“土著”在不同时期、不同群体中有不同的涵义。就王朝的政策而言，“土著”是居住在原籍的编户，明初的“土著”是收编的元代居住在蒙化境内的编户，清初的“土著”新增了明代卫所移民后裔，清道光以后的“土著”又新增了早期的客民和部分获得客民身份的垦荒移民。在卫所移民后裔看来，即便在清代他们被官方称为“土著”，但他们仍强调“土著”是“土族”，是彝族先民，自身始终是移民后裔。对山区客民而言，“土著”是早于他们居住在山区的人。由此我们可以发现，“土家”“土族”是基于户籍和经济关系的称呼，在不同地区，“土家”“土族”可能指代的是不同的群体。

清末鹤庆坝子水患治理与地方社会

薄艳艳[①]

一、背景：清末鹤庆坝子的社会变化与水利

鹤庆县位于云南省西北部，处于滇西横断山脉南端，云岭山脉的东南部。由于湖积和洪积的作用，鹤庆县山间形成了一些盆地，俗称“坝子”。鹤庆主要的坝子有黄坪坝子和鹤庆坝子，其中鹤庆坝子是鹤庆县内最大的坝子。[②]鹤庆地区为喀斯特地貌，山脊呈带状分布，侵蚀强烈，山岭间有漏斗和落水洞。传说，唐代的鹤庆一片汪洋，被称为“漾弓湖”。从西域来的传教圣僧赞陀崛多见鹤庆坝子的百姓地少无粮，又见水底平坦，于是面壁修炼十年，最终修得功成，以 108 颗佛珠在象眠山脚下凿出 108 个落水洞，泄掉了坝子中的水，形成了今天的鹤庆坝子。[③]各落水洞联通地下河，泄入金沙江。鹤庆坝子的水利系统较为发达，漾弓江作为贯穿鹤庆坝子的主要河流，发源于丽江玉龙雪山脚下的玉湖，自北向南流经丽江坝与七河坝进入鹤庆坝子的辛屯乡，后又经城郊、金墩两乡，至象眠山（光绪

---

① 薄艳艳，上海思博职业技术学院讲师，硕士。

② 云南省鹤庆县志编纂委员会：《鹤庆县志》，85 页，北京，人民出版社，1991。

③ （清）赵士圻：《掷珠记》，中国人民政治协商会议鹤庆县委员会文史资料委员会：《鹤庆文史资料》第十四辑，1—156 页，2018。

之前）流入落水洞，伏流三里，从山的南面流出形成腰江，后转向东南，经过龙珠、松桂，至中江注入金沙江。[①] 光绪年间，南新河开通后，漾弓江水便通过南新河从象眠山和龙华山之间的峡谷穿过，向南转东流入金沙江。漾弓江总长度约 121.5 千米，流经鹤庆坝子境内约 73 千米。[②] 漾弓江从北到南穿过整个鹤庆坝子，将鹤庆坝子分成东西两个部分，西部较为宽阔，地势低洼，东部相对狭窄，地势相对较高。漾弓江接近东山脚，也被人们叫做“东山河”，鹤庆坝子大部分村落位于漾弓江的西侧，鹤庆县城也建在漾弓江的西面。

在笔者的田野调查中，地方民众向笔者解释，在鹤庆，人们根据语言、服饰等标志来区别坝子中的白族、汉族以及白族中的甸南人、甸北人，例如，讲白族方言的，大部分是当地的白族居民，讲当地汉话的一般都来自村民带“屯”的汉族村，这些汉族村的居民一般都说自己是“外来的”。妇女戴圆帽的是甸南人，戴解放帽的是甸北人。也就是说，在鹤庆本地人看来，坝子中不同人群之间可以根据语言特征区别为白、汉等民族；即便都是操白族语的人，又可以通过其服饰来区别是坝子北部的或是南部的居民。显然，鹤庆坝子中的居民在族群身份、居住地域等不同条件下，相互之间具有显著的身份和地域差别。换句话说，在鹤庆坝子中，就经济和文化身份而言，不同社群之间并未达成基于“鹤庆坝子”整体的身份整合。本文讨论的清末鹤庆坝子的水利问题，即基于鹤庆坝子内不同的社群和地方精英所代表的地方利益和基于相互之间的冲突、协商条件下实

① （清光绪）《鹤庆州志》，见《大理丛书·方志篇》卷八，390 页，北京，民族出版社，2007。

② 云南省鹤庆县志编纂委员会：《鹤庆县志》，241 页，北京，人民出版社，1991。

现的农业水利建设及其社会条件。

根据明天启《滇志》，明廷在鹤庆坝子设立的鹤庆御屯田面积达到330顷，卫所军户占据了大量农地。[①] 长期以来鹤庆坝子人烟密集，灌溉用水缺乏，清光绪《鹤庆州志》在记载西龙潭时说到“旧时渠少田多，利尚未溥。明知府马卿念军民乏水，乃躬诣潭堤而增修之”[②]。为了缓解矛盾，保证军屯制度的顺利实施，加上镇守云南的沐氏对水利建设的重视，地方官府大兴水利。正德年间，通判张廷俊在任期内就修建了5处水利设施。[③] 嘉靖年间，知府马卿在任内也修建了五处水利设施。[④] 郡守林遒节还在落水洞上修建了水洞祠，“祭以四月八日，从民望也”。[⑤] 可见当时的地方官府对水利的重视。

明代后期，鹤庆坝子屯田制度仍然持续，但随着一些势豪之家侵占屯田，屯田制度开始走向了衰落。许多水资源也被豪强所霸占。《南供河记》载：

---

① （明天启）《滇志》卷七《兵食志》，258页，昆明，云南教育出版社，1991。

② （清光绪）《鹤庆州志》，见《大理丛书·方志篇》卷八，444页，北京，民族出版社，2007。

③ （清光绪）《鹤庆州志》，见《大理丛书·方志篇》卷八，444—445页，北京，民族出版社，2007。

④ （清光绪）《鹤庆州志》，见《大理丛书·方志篇》卷八，444—445页，北京，民族出版社，2007。

⑤ （明）樊巍：《水洞祠记》，见《鹤庆碑刻辑录》，102页，大理白族自治州南诏史研究会，2001。

> 泉迤南为高阜旷土可若千亩，势家窥利欲横截泉水而用之。在正统中为土酋，成化中为守御，宏治中为豪民某某。长康民以遏中上流，辄讼之，乃弗得逞。正德庚辰，又有豪民踵故智谲辞于府，乞垦田输赋，里中老承勘得赂，报可，遂给印贴，登版册，民泣诉者相属。豪民者复诡辞于藩司，巫众之倾巳，下府复之。①

但与土地配套的水利系统还在，并且一直沿用到清代。

清代军屯制度的消亡，解开了军户世袭军籍的枷锁，推动了鹤庆府辖编户与卫所军户之间的交流和融合。清光绪《鹤庆州志》载，光绪时期鹤庆的屯和村已按地域被划分为南北“八图”“十铺”“六十甲”。鹤庆坝子的村落基本囊括在南北八图里，即甸南四图和甸北四图。“图”是“村”之上的行政管理单位，也许由于鹤庆府辖编户与卫所军户相互融合的原因，鹤庆每个“图”所辖“村”的数量并不相同，既包含原来属于鹤庆府、州管辖的民村，又包含曾属于守御千户所的军屯。此外，清朝乾隆以来，外省流民、客民的增加，已对地方社会治安造成威胁。晚清时的鹤庆，应该与其邻境的永北一样，充斥了大量流民、客民。客民是在市镇经商的商人，往往由客长统领，负责客民的治安等事宜。直到今日，鹤庆县城周边的居民都认为鹤庆城里的人是客民，即是证明。流民则是清中期以来随着附近地区人口饱和，而到鹤庆境内垦殖租佃的人。晚清的鹤庆地区经历了杜文秀起义，大量田土无主被充公或被军官据为己有。这些田土采取的即是租佃的经营方式，为流民求食生存提供了条件。

---

① （明）杨士云：《南供河记》，见《鹤庆碑刻辑录》，198页，内部资料，大理白族自治州南诏史研究会，2001。

杜文秀起义（1856—1873）被镇压后，清廷对于一些有战功的军官给予加官进爵，原鹤丽镇总兵杨玉科在攻破大理城，迫使杜文秀自杀后，由总兵提拔为云南提督，但仍掌管当时鹤丽镇的绿营军队。对于刚结束战争的鹤庆社会而言，军事权力占有强势的地位。以杨玉科为首的地方军官形成势力团体"拥重兵［，］顽梗鸱张，官民含诟隐忍，未敢讼言其非"。[①]云贵总督岑毓英在奏折中建议"叛产较多之处，安置无业勇丁"，[②]但事实上其中许多"逆产"被军官占为己有。如杨玉科在战后在大理、鹤庆、浪穹等地都有许多田产和宅地。同治十三年（1874）杨玉科因私设商号，倾吞良田等原因被弹劾，降三级处分。又如杨玉科的部下蒋宗汉"跻身于封建统治阶级行列后，一时暴富，以特权兼并4万余亩田地，分布于鹤庆、永胜、邓川、永平、腾冲一带，仅在鹤庆，每年向农民收租不下10万石，从中江、朵美、黄坪等地收的糖租不下两万合，蒋家开设的'福春恒''福庆店'等40余个大商号"[③]。战后，普通百姓并没有因鹤庆总体人口的减少而获得更多或更好的土地，战后有主的田地按照地契仍归原主，无主荒田大部分被官员占有，还有部分被招佃耕种，大部分百姓仍种植自己原有的土地，一些无田的百姓只能租种官府或地主的土地，或开垦一些偏洼地区的无主田地来种。在这样的背景下，修建、整理鹤庆坝子的农田水利设施，就成为恢复咸同战乱之后的社会民生的重要措施。

清光绪以前，位于今鹤庆坝子东南边缘的石门坎还未凿开，鹤庆坝子

---

① 《刘长佑集》，38页，长沙，岳麓书社，2011。

② 《岑毓英奏稿》（上），281页，桂林，广西人民出版社，1989。

③ 云南省鹤庆县志编纂委员会：《鹤庆县志》，764页，北京，人民出版社，1991。

的水是从象眠山脚下的落水洞排出的。清代的落水洞经常堵塞，水患也频繁发生。人们多次对洞进行疏通，都是治标不治本。直到清朝光绪初年，鹤丽镇总兵朱洪章带领当地绅民凿开石门坎，开通了一条明河，才基本上治理了水患。这条明河连接漾弓江的上下游，直接将漾弓江水引出了鹤庆坝子，大大缓解了落水洞排水的压力，之后这条河也成为鹤庆坝子排水的主要出口。

通过对清末鹤庆坝子水患治理与地方社会政治、经济、文化和社会关系等方面关系的研究，可以探索当时当地社会的发展状况和社会特点，分析社会各阶层的力量、特点和局限性，发现各社群力量协作、制衡的特点，以及当时鹤庆社会文化信仰与社会灾难之间的相互关系。

二、水患及治理概况

鹤庆本地有句谚语“谷打苞，水齐腰。麦子黄，要火烧”，意思是说水稻开始打苞，洪水就会泛滥。鹤庆水稻打苞季节约在农历六月份，正是当地的雨季，也是漾弓江水量暴涨的季节。如《永安桥记》记载的“顾亦以木为之，木质易朽，既苦修废之不时，而涝岁洪水为灾，复屡被横流漂没以去”[①]。这些说明了鹤庆水患发生较为频繁，且具有季节性。

关于清代鹤庆坝子水患治理的记载主要有：

康熙五十三年（1714）夏鹤庆境内大雨，漾弓江水大涨，月余未渲，

① （清）高璞山：《永安桥记》，见《鹤庆碑刻辑录》，189页，大理白族自治州南诏史研究会，2001。

淹没禾苗近千顷。据康熙五十六年（1717）《重开水峒记》，鹤庆府知府孟以焴、鹤丽镇总兵郝伟决定疏浚落水洞，“公善甚，乃各捐俸、募人寻当年故道，为之搜剔坊壤，剪焚树石，得石穴七十余所”①。

嘉庆二十一年（1816），“漾河涨发，淹损田庐”“幸遇丽江府冯公（敬典）悯赤子之颠连，筹请一万白金，议开明河于尾闾峡谷”“惜乎后款不继，至令有初无终”②。冯敬典试图通过开挖明河的方式治理水患，他采用以工代赈及见工给钱的方法，但由于经费不足而最终未能成功。

道光二十九年（1849），知州秦炳章和姚光熹二人相继疏通落水洞，“得旧洞二十余口，畅流无滞”③，并“爰妥酌章程，著为条令，议以沿江村寨同力修浚，计亩摊夫，田分三则，较其受灾轻重出役出差，余未被浸者亦量予协济，以示吉凶同患之义。岁约于二月八日开工，四月初旬告竣。官司卒之，矜耆董之，黎庶攻之，赏其勤，罚其惰，而责其逋慢。秋七八月，又日专夫二名，游舟溯河，搜除浮梗，务蕲乎壅决窒去，永庆安澜焉”④。这之后又有士绅杨逢吉、赵秉泰先后清理砂碛，疏通落水洞，也都只是补救一时。

---

①（清）孟以呜：《重开水峒记》，见《鹤庆碑刻辑录》，200页，大理白族自治州南诏史研究会，2001。

②（清）杨金和：《鹤阳开河碑记》，见《鹤庆碑刻辑录》，208页，大理白族自治州南诏史研究会，2001。

③（清）杨景程：《疏浚水洞碑》，见《鹤庆碑刻辑录》，218页，大理白族自治州南诏史研究会，2001。

④（清）杨景程：《疏浚水洞碑》，见《鹤庆碑刻辑录》，218页，大理白族自治州南诏史研究会，2001。

同治十二年（1873），云南提督杨玉科主持继续冯敬典未完成的开河工程，“经费一人筹捐，夫役地方筹办，尚其同舟共济，以续冯公未了之心”①。这次治理延续到光绪二年（1876）杨玉科被诏进觐（第二年杨玉科调离大理），随后知州李铭谦出示停夫告示，工程就停滞了。②

光绪三年（1877），鹤庆地区又发大水，落水洞阻塞，数不清的居民庐舍被淹，甚至水已经淹到了鹤庆城的东门。新上任的鹤丽镇总兵朱洪章看到鹤庆坝子“浩浩无垠，有沧海桑田之变”③。朱洪章和知州周子佩、中军杨懋侯一起向上封申请治水，并率军数百人、民夫一千多人，在龙华山与象眠山之间开挖明河，又疏通漾弓江中间的阻隔段。

光绪十八年（1892）二月至四月，“适吴静堂军门、姜章汉州尊来官是地，睹前贤未尽之善倡首筹资，爰饬绅耆，募工集夫，复凿石峡较前深六七尺，仅留岛石於江心作中流之砥柱。勒石碑於峡顶，颂上台之勋名。又重修镇江庙，貌焕然一新，招僧住持以昭崇德报功之诚”④。

晚清鹤庆坝子的大小水患并没有尽数收录在册，其中有记载的如下：同治六年（1867）六月二十五日，“夜，渔塘村雷雨大作，西山崩，洪水

---

① （清）杨金和：《鹤阳开河碑记》，见《鹤庆碑刻辑录》，211页，大理白族自治州南诏史研究会，2001。

② （清）朱洪章：《鹤阳新河纪略》，国家图书馆藏本，第1页B面，紫文阁清光绪十八年（1892）刻本，1892。

③ （清）杨金和：《鹤阳开河碑记》，见《鹤庆碑刻辑录》，211页，大理白族自治州南诏史研究会，2001。

④ （清）杨金和：《鹤阳开河碑记》，见《鹤庆碑刻辑录》，211页，大理白族自治州南诏史研究会，2001。

冲坏民居百余所，死伤惨重，郡守开仓救济。”[①] 光绪三年（1877）秋，“淫雨水涨落，水硐阻塞，水入城东门，淹没村屯无数，庐舍皆圮”[②]。光绪十七年（1891）五月二十九日，“夜，北山起蛟，大雨”[③]。光绪二十一年（1895），“漾弓河泛滥，波及辛屯，师第登田禾被淹”[④]。光绪三十年（1904）四至六月，“大雨颖行，入秋水尚未消，不能栽种，稻谷颗粒无收”[⑤]。光绪三十一年（1905）八月，“沿河一带蛟水涨发，冲淹田禾”[⑥]。

晚清鹤庆坝子水患的发生，是在杜文秀起义战争结束时期，此时的鹤庆坝子百废待兴，还处于战后恢复阶段。水患的发生与刚结束的战争有着密切的联系，这时候发生的水患对战后地方社会的损害是翻倍的。

鹤庆坝子因战争而损失惨重，除了大量的人员伤亡，还有社会经济的严重损失。战争中百姓无法展开农业生产，还被要求筹粮筹款，“适值逆回杜文秀叛据大理，兵戈肆起，迤西人民出练当夫，筹粮派饷，征役不息”[⑦]。战争使百姓民不聊生，地方经济处于萎靡。杨玉科利用战争中得到的“逆产”来开河，没有动用地方的资金，“经费一人筹捐，夫役地方承

---

① 《鹤庆县水利志》，53 页，内部资料。

② 《民国鹤庆县志》卷十一《武备志》，《大理丛书·方志篇》第九卷，516 上。

③ 《鹤庆县水利志》，53 页，内部资料。

④ 《鹤庆县水利志》，53 页，内部资料。

⑤ 《鹤庆县水利志》，53 页，内部资料。

⑥ 《鹤庆县水利志》，53 页，内部资料。

⑦ （清）寸增高：《新建镇江庙碑记》，见《鹤庆碑刻辑录》，153 页，大理白族自治州南诏史研究会，2001。

办……自同治甲戌（1874）开工至光绪丙子（1876），曾用三万金、六十余万夫役”[①]。光绪二年（1876）杨玉科被诏进觐，随后知州李铭谦出示停夫告示，工程被迫停止。[②]这次开河治水耗费的资金和使用的夫役数量巨大，持续时间较长，最后还是没有成功，打击了当地百姓和官绅开河治水的信心，为之后朱洪章再次开河增加了一定的难度。

鹤庆水患的产生有多方面的原因。首先，漾弓江由北至南贯穿鹤庆坝子，长期以来漾弓江的堤坝仍不甚牢固，水流湍急的河段，河堤容易被江水侵蚀，致使泥沙沉积，抬高河床；其次，坝区村落民众在河尾落水洞周围开垦农田，大量阻塞了下泄的河水；第三，村民在沿河及各落水洞洞口设置定置渔具捕鱼，致使落水洞大量壅塞，雨季泄水不畅。加之长期以来河流未经疏浚，水土流失严重，闸坝堵塞河道，种种因素之下，形成雨季严重的水患。从另一方面看，由于清末地方社会经历了长期的社会动乱和战争，社会分化严重，鹤庆坝子能够整合不同的社会力量维护和修整河道的官方或士绅权威严重缺失，长期以来业已形成的鹤庆坝子的社会整合能力遭到严重破坏，与水利管理相配合的社会权威不复存在，才使得坝子南部的泄水区域水患日益严重，亟须治理。

光绪之前，鹤庆水患发生的主要原因是落水洞的堵塞，而治理水患的方式主要是疏通落水洞及开明河两种方式。通过疏通落水洞治理水患，都

---

① （清）杨金和：《鹤阳开河碑记》，《鹤庆碑刻辑录》，211 页，大理白族自治州南诏史研究会，2001。

② （清）朱洪章：《鹤阳新河纪略》，国家图书馆藏本，第 1 页 B 面，紫文阁清光绪十八年（1892）刻本，1892。

只能是补救一时，并不能彻底解决水患的问题。而开明河工程量大，需要耗费大量的资金和人力，并且很难成功。治理水患的主要领导者有文官知府、知州，也有武官绿营兵总兵，其中大部分是地方官主持治水。道光二十九年（1849）的这次治水，虽然是采取通过疏浚落水洞的方式来治水，但它确定了鹤庆坝子治水的管理章程，为之后治理鹤庆坝子水患提供了运作的参考模式。光绪之前鹤庆坝子治理水患的资金主要是来自领导者和地方绅民的捐款和筹款，较少有官府资金的支持。而夫役来源主要是地方官控制下的地方百姓充当，或用钱招募两种途径。

朱洪章，字焕文，原籍贵州黎平县人，后改为籍湖南。咸丰初年应募为乡勇，跟从黎平知府胡林翼剿匪，擒获匪首刘瞎幺，功奖外委。咸丰四年（1854），跟随胡林翼支援湖北，无役不从，以勇敢著名。咸丰六年（1856），攻克饶州，提拔为千总。攻四十里街时，朱洪章战败，被降为把总。咸丰九年（1859），朱洪章随曾国荃到景德镇，恢复官职，以守备补用。咸丰十年（1860），朱洪章攻太湖，解小池驿之围，晋升都司。咸丰十一年（1861），朱洪章攻克安庆，升为参将，赐号勤勇巴图鲁。跟随曾国荃由皖东下，连夺沿江要隘，升为副将，进屯雨花台。后攻江宁城战功显赫，以总兵记名，加提督衔。同治三年（1864），江宁城久攻不下，在龙脖子山开地道，曾国荃召诸将议推前锋，署名立军令状，朱洪章署名第一。朱洪章在此次战役中战功显赫，被赐黄马褂，授予骑都尉世职。

同治四年（1865）朱洪章又被授予湖南永州镇总兵的职务。光绪二年（1876）朱洪章调任云南鹤丽镇任总兵，管理昭通、临安、腾越多个镇。光绪十四年（1888）朱洪章随曾国荃调任两江总督。光绪十五年（1889），朱洪章任职狼山镇总兵。光绪二十年（1894）朱洪章帮助张之洞檄募十个营的兵，用来防金沙卫。光绪二十一年（1895）朱洪章病死在军中。张之洞梳理朱洪章陈年的战绩，他称朱洪章是收复江宁城功劳第一的人，于是向朝廷申请，为朱洪章列传，从优议恤，追谥武慎，配享曾国藩、国荃、胡林翼的专祠。[①]显然，朱洪章是清末湘军派系安插到云南的一个政治代理人，朱洪章在鹤庆治水，既不像杨玉科那样，是从镇压杜文秀起义的战争中崛起的本地军事首领，也得不到鹤庆本地士绅势力的支持，属于外来的官僚，难以全部掌控地方政治局势。朱洪章在鹤庆开河治水，是在他任职鹤丽总兵期间，鹤丽总兵的衙署就设在鹤庆县城内。朱洪章来到鹤庆的第二年（1877），鹤庆就发生了严重的水患。没有杨玉科强大的政治影响和经济能力，除了朱洪章自己垫资的部分，还有较大部分需要依靠地方社会，朱洪章是通过筹捐、借贷等方式来实现的。而此时鹤庆坝子社会经济萧条，百姓极其贫困，这给朱洪章筹集开河资金带来了较大的压力。但是朱洪章将开河治水当作了自己职责，他坚持了数年，最终开通了新河。[②]

三、清末鹤庆坝子的水患治理与地方社会经济

（一）地方经济与治水的关系

一是农业生产与治水的关系。鹤庆是个农业社会，农业是鹤庆百姓生

---

① （清）《清史稿》，台北“故宫博物院”图书文献馆，编号70100795-01。

② （清）朱洪章：《鹤阳新河诗集》，清光绪八年（1882）刻本，《清代诗文集汇编》，177页，上海，上海古籍出版社，2010。

存的保证，是当地经济发展的关键。农业与水的关系直接决定了“水”在鹤庆坝子中的重要性，以及水患对于鹤庆坝子的危害性。

首先，鹤庆坝子中的农作物以水稻为主，为了便于灌溉，许多水田分布在离水源较近的地方，这也更容易遭受水患。“沿河居民植树堤，备加保护，每当暴雨，吹角为号，丁壮齐集堤上，万一谁家田头决口就拆谁家的房子来堵塞，真是苦不堪言。”① 水患会影响到农业的收成，有时甚至导致农民颗粒无收，如上文所讲，连鸟儿都可能没有了食物。其次，水患导致农业歉收，直接影响地方的经济收入，同时影响知州的“陋规”收入，使地方财政匮乏。地方没有资金，就更没有多余的经济力量去治理水患，这样会形成一种恶性循环，而产生更多的灾难。

农业对水患的影响。农业生产对水患的治理也有一定的影响，鹤庆每年农历三月份开始种植秧苗，农历五至六月份开始栽秧，“春时春分、清明节先播谷种于秧田，发生七十日后将栽。田用人力起土，暴晒灌水后，用牛力耕平，移苗于内，捞草二三次，实熟时收获回家打晒。若系吊谷，则用海簸就田收获。收获后复种春苗”②。农忙时节，也是当地的雨季，水患的发生率较高。百姓要投入农产，无法参与治水，只能靠亲兵开河和治水，大大增加了治水的难度，也降低了开河工程的效率，“已届农忙，余令各绅管传知民夫，停工收获，俟冬初再行开挖，只留亲兵逐日在彼脩削

① 田余澍：《鹤阳水利漫谈》，见《鹤庆文史资料》第八辑，81 页，中国人民政治协商会议鹤庆县委员会文史资料委员会，1992。

② 鹤庆县劝学所：《鹤庆县劝学所造报地志资料》，云南省图书馆藏抄本。

两岸，俟水稍涸再行扎坝，余仍在彼逐日催督”[①]。

朱洪章在当地开河成功后，水患基本得到了控制，人们获得了更多可以耕种的土地，之前低洼地方的农田不再频繁受害，提高了当地的农业生产率，推动了鹤庆经济的恢复和发展。百姓们可以获得了更多的利益，缓解他们的生活压力。因此当地百姓对于朱洪章尤其信奉，将他当作了神来供奉，每年栽秧季节都要对朱洪章进行供奉，以祈求风调雨顺。

二是商业发展与治水的关系。清朝时期，水患的发生导致鹤庆粮食短缺，粮食价格高涨，地方经济萧条，影响了本地商业的发展。一些人为了摆脱水患的影响，开始谋取更多赚钱的机会，他们参与商业贸易或运输，激发了本地与外地贸易的发展，即推动了商帮的发展。

清代鹤庆商帮发展兴盛，商帮的发展为朱洪章开河治水提供了可能。治水需要大量的资金，上文内容也有介绍，当时的清廷国库亏空，无法及时提供开河资金的支持，战后的鹤庆社会经济萧条，地方官反对治水，开河治水的资金只能依靠朱洪章及鹤庆有钱的商人、百姓和士绅。对于开河这样大的工程，绅民作为受灾者，所能提供的经济支持是有限的。而朱洪章个人的经济能力也不足支撑起开河的工程，鹤庆商人成为开河资金筹集的关键。于是，朱洪章向当地的商人发起借贷，“清光绪丁丑年（1877年），鹤丽镇总兵朱洪章开挖南新河，兴修水利，一时因公款拨济不到，曾向鹤庆商人借贷。兴盛和由于经营得法，获利丰厚，资金充足，故认贷

① （清）朱洪章：《鹤阳新河纪略》，国家图书馆藏本，第 7 页 B 面，紫文阁清光绪十八年（1892）刻本，1892。

特多。后来，南新河公款拨到，朱洪章均存入兴盛和，整存零取。”[①]鹤庆商人的贷款解决了开河资金的问题，确保了开河的成功。

水患治理对鹤庆的商业发展也有较大的促进作用。首先，对为开河贷款的兴盛和来说，“兴盛和从此与地方官府有了交往，鹤庆州的钱粮赋税，均委托兴盛和代收，当时的兴盛和简直成为了鹤庆州的州金库了”[②]。这也让掌柜舒金和尝到了与官府合作的甜头，鼓励了舒金和为地方公共事业作出了更多贡献，“此其简陋，宁可使邻邑闻哉。于是邑绅舒君金和毅然思所以修之，以方有事于学庙之役未果。越明年，役竣，复议修。佥曰：大雅之诗曰：‘民亦劳止，汔可小休’。今大役甫藏功，未可复有事也。又未果。壬寅春，舒君复申前议，且愿独力捐建，谋之金鉴。”[③]此外，舒金和还与蒋宗汉一些人在当地捐修了玉屏书院，推动了地方教育的发展。

（二）水患治理中反映的无公产现象

从弥苴河水患治理中发现，弥苴河修缮的资金很重要的来源是持续的“公产”资金，“后历任知州广置田庄，收租息以作河工经费”[④]。而同样水

① 舒自志：《博南古道上的鹤庆商帮》，见《鹤庆县文史资料》第二辑，3页，中国人民政治协商会议鹤庆县委员会文史资料委员会，1992。

② 舒自志：《博南古道上的鹤庆商帮》，见《鹤庆县文史资料》第二辑，3页，中国人民政治协商会议鹤庆县委员会文史资料委员会，1992。

③ （清）杨金鉴：《文昌祠记》，见《鹤庆碑刻辑录》，129页，大理白族自治州南诏史研究会，2001。

④ 洱源县志编委会：《洱源县志》，9页，昆明，云南人民出版社，1996。

患频发的漾弓江，却没有“公产”的设立。笔者认为这与漾弓江水患治理及维护的特点有重要的关系。

一是河道维护的成本相对较低。为了解决弥苴河的水患问题，历任知州投资设立修河田庄，以田租的收入作为治理弥苴河水利的经费，“至民国末年，邓川县共置田庄 4 个，计 1582.7 亩，年收租谷 481 石，加折夫价银，河工经费每年达 1 万银元以上。”① 可见弥苴河维护和修缮需要耗费大量的资金。而对于漾弓江而言，通过“疏通落水洞”的方式“解决”水患问题成本较低，“使善水者探其（落水洞）故穴，撤其壅蔽，伐植镵碍，而水之奔注者莫之御矣”②。这种情况很难引起地方官对水患的重视，自然也不会为此设立“公产”去供应漾弓江日常的维护。

清代鹤庆坝子的大部分“治水”，都是通过“疏通落水洞”的方式。这种方法是治标不治本，随着水患发生的愈加频繁，地方官也意识到了漾弓江水患的严重性。在道光二十九年（1849），秦炳章和姚光熹二人在通过疏通落水洞消除水患后，列出了维护漾弓江的章程：“妥酌章程，着为条令，议以沿江村寨同力修浚，计亩摊夫，田分三则，较其受灾轻重出役出差，余未被浸者亦量予协济，以示吉凶同患之义。岁约于二月八日开工，四月初旬告竣。官司卒之，矜耆董之，黎庶攻之，赏其勤，罚其惰，而责其逋慢。秋七八月，又日专夫二名，游舟溯河，搜除浮梗，务蕲乎壅

① 洱源县志编委会：《洱源县志》，9 页，昆明，云南人民出版社，1996。

② （明）樊巍：《水洞祠记》，见《鹤庆碑刻辑录》，102 页，大理白族自治州南诏史研究会，2001。

决窒去，永庆安澜焉。”[①]从以上内容可以发现，维护漾弓江的“成本”基本摊派到了沿江村寨的百姓身上，地方官府几乎不用付出太多资金。

这个章程因杜文秀起义战争的爆发而被打破，战后也基本被遗忘了，知州及百姓忙于战后的经济恢复，忽略了对原有地方制度的恢复，光绪初期的水患问题愈演愈烈。光绪三年（1877）因为战争刚刚结束，地方百废待兴，清廷对于地方田产的整顿持续了十几年，地方田产没有整顿清楚，地方官府也没有设立“公田”的条件。

二是河道维护工程量较小。历史上弥苴河的维护是非常庞大的工程，道光三十年（1850），“除了鸡足山僧户以及军伍等世袭群体缴纳的夫价银用于支付在工矜耆役人等薪水工食费外，每年还从花户中征派六万多名男丁，28 人一组，参与到周期性的堤坝维修中”[②]。今天去看弥苴河还可以发现，弥苴河两岸的堤坝高出地面至少 2 米以上，宽约有 4 米。堤坝上布满了平均树龄为 245 年的滇合欢、粗糠树和黄连木等固堤的树木。足以说明历史上弥苴河水位是远远高出地平面的，如果堤坝维护不够，很容易出现渗水而导致水患。弥苴河的维护需要长年累月投入大量的资金和人力。

虽然降雨集中时漾弓江的水位会急剧上升，有时会溢出堤坝或冲破堤坝，但大部分的时间，水位仍然低于地平面，因此对于漾弓江的维护就要相对容易得多，只需要派一些人修浚及游舟溯河、搜除浮梗。每年维护两

① （清）杨景程：《疏浚水洞碑》，见《鹤庆碑刻辑录》，218 页，大理白族自治州南诏史研究会，2001。

② ［英］达伦·克鲁克、伊懋可著，薄艳艳译，罗勇审定：《晚清的灌溉与夫役管控——云南弥苴河流域管理图的利用》，载《学术探索》，12 页，2019（12）。

个月，二月八日开工，四月初旬告竣。维护的工程量小，不需要常年的资金供应，就此而论，鹤庆坝子没有因漾弓江的水患而设立像弥苴河那样的治水“公产”的必要。

四、水患治理中体现的地方社会特点

（一）官员与士绅之间的利益关系

从朱洪章在鹤庆开河治水的过程中发现，文官与武将的关系也就是知州与总兵的关系，他们分属于两个管理系统，在地方社会中都代表着国家的权力，与地方社会的发展有着直接的关系。知州对于地方有绝对的管理权，而总兵在地方没有强制性的管理权力，但作为总兵的朱洪章对知州权力有辖制作用。

瞿同祖先生将知州称为“一人政府”，国家权力赋予知州，知州是国家权力的解释者、实施者，他们决定国家权力在地方实施的方式及实施的结果。但是在战后的鹤庆，知州的权力很大程度上受制于武职官员杨玉科。清末杜文秀起义战争后，云南提督杨玉科仍掌管着大理的军事，包括鹤庆地区。作为丽江本地人（当时鹤庆属于丽江府管辖），他在地方的势力不断壮大，各地知州一直受其压制。当时的鹤庆知州无力反对杨玉科开河治水，但在杨玉科被召觐见后，知州马上出示了停夫告示，说明知州原本并不支持开河治水。在杨玉科被调离鹤庆后，知州权力和地位开始恢复，成为掌管地方的“父母官”，鹤庆成为了他们的“一人政府”。他们代表国家的权力，在地方社会工作中有决定性的话语权，他们可以选择治水，也可以选择不治水，最终知州选择了保守的“停止开河”。

朱洪章来到鹤庆任总兵之后，打破了知州在地方建立的保守的运作模式，辖制了鹤庆知州的滥权，但这也引起了知州对于总兵朱洪章势力的忌惮和防备，他们反对朱洪章开河治水，并设置各种障碍阻拦朱洪章开河。朱洪章不顾知州的反对，坚持开河治水，他利用自己的身份及清廷批准治水的权力与知州相抗衡，调动地方的力量，动用地方资源，进行开河治水，最终获得成功。此举推动了鹤庆坝子水利建设的发展，也推动了地方社会经济的发展。

朱洪章治水是为了彻底治理水患，解决农业生产中的困难，恢复地方经济。知州反对朱洪章开河治水，多是出于自己或者地方集团利益的考虑，他们的社会角色不同，利益诉求不同，对开河治水的态度也不同。但在朱洪章治水成功后，知州与朱洪章关系也趋于和好，如：

> 复于今春，有甸北诸绅连名具控太平村田宅一案，请余往勘，临期往约，黄州牧同往，至彼各具一词。余向诸绅言曰：“尔等田地相连，朝夕举目亲近，何必兴讼。依余劝，二比无再兴讼，只宜和好，况先年已立凭据，不必言勘查。水患之源宜疏下流，尔等务要同心协力，催夫前来。余带亲兵往疏下流，自能彻底澄清。”两造同声应曰：“若得如此，情愿遵依，不敢兴讼。”余曰：“既如此，当同尔父母官前，各具悔状。”一笑而散。①

鹤庆开河治水过程中，知州与总兵作为国家与地方社会之间的中间力

① （清）朱洪章：《鹤阳新河纪略》，国家图书馆藏本，12页，紫文阁清光绪十八年（1892）刻本，1892。

量，他们通过个人的方式，依据个人的价值判断和利益需求，实践着国家赋予的“权力”和“责任”，对地方的水利建设发挥着决定性的作用。

其次是士绅与“国家权力”之间的利用关系。清代士绅服从于国家的权力，他们根据不同利益需求依靠不同的力量去实现地方及个人的利益。杨玉科在大理任职时，有一批跟随杨玉科的士绅，这些士绅成为杨玉科领导下的“势力组织”成员。士绅们因仰仗杨玉科的力量，而疏忽了与知州关系的建立，他们与知州之间的关系较为疏远，鹤庆的士绅群体在失去杨玉科这个后盾后，基本很难对知州的决策起到干预作用。

在开河治水的过程中，朱洪章极力争取获得当地士绅们的支持，士绅成为朱洪章开河的重要依赖力量，鹤庆士绅也依附朱洪章，以达到为地方开河治水的目的，他们出资出力协助朱洪章，但又受制于知州的管控。士绅们试图通过自己力量去改变知州的一些决定，但都无法改变知州的行为和态度，如知州私自挪用士绅们筹集的开河款：

> 绅等明日进城，与各绅熟商，自有报命。未识各绅管进城如何商量。越数日，只听说与黄州牧熟商，按户摊派，水淹户出银壹两，高岸户出银陆钱，以为开凿石峡之用。不数日，复据该绅管面称，不知州主是何居心，忽然出票另派修城之资，并修建衙署。四乡闻之，无不称异，前派之欵，因此中止①。

士绅依靠朱洪章，因为朱洪章有与知州相抗衡的力量。知州们因杨玉科的前车之鉴，忌惮武职“军官”权力的高涨，担心朱洪章治水成功后权

① （清）朱洪章：《鹤阳新河纪略》，国家图书馆藏本，第 8 页 A 面，紫文阁清光绪十八年（1892）刻本，1892。

高位重而压制自己，因此知州们反对朱洪章治水。朱洪章虽没有杨玉科在当地的强大势力，但朱洪章为武职二品，知州只为文职五品，且朱洪章开河治水得到了清廷的支持和批准，因此朱洪章拥有与知州对抗的力量。士绅依附于朱洪章，借助朱洪章的力量与知州相抗衡，同时整合利用各方资源，最终实现开河治水的目的。

（二）“治水”中的各种力量关系

“知州”和“总兵”虽然代表了清末日趋微弱的国家力量，不过在当时鹤庆社会的水利建设中，他们仍然起到主导作用。表面看这与美国历史学家魏特夫的“治水专制主义”学说在观点上有相同之处，但诸多具体条件并不相同。

魏特夫认为历史上中国王朝控制和垄断治水，从而产生集权。[①] 然而光绪初年的鹤庆坝子，虽然治水被知州和总兵所左右，但在其中起重要作用的是知州和总兵的个人能动性，他们对于治水的态度主要不是来自“国家”，而是来自“个人”。知州和总兵代表国家的权力对地方社会实行管控，他们可以选择治水也可以选择不治水。上文讲过，知州开始反对朱洪章治水，后来治水成功后，知州又开始支持朱洪章治水，并和朱洪章一起治理了北新河。又如，总兵张松林虽然接受了朱洪章委托治水，但没有实际的治水活动，而朱洪章被调离鹤庆多次，始终没有放弃为鹤庆坝子治理水患的意愿。足见，当时的总兵和知州对于治水的态度，主要源自“个人”，而不是“国家”。当时鹤庆坝子的治水不是被清廷所控制，而是被

① ［美］卡尔·A. 魏特夫：《东方专制主义》，徐式谷等译，北京，中国社会科学出版社，1989。

存在于国家与地方之间的中间力量所控制。

从另外一个角度来看，朱洪章治水依靠了国家赋予的权力，这次治水经过了清廷的批准。朱洪章凭借自己的政治身份与知州抗衡，通过自己的职权调用绿营兵，筹集开河资金。国家赋予朱洪章的身份和权力在治水过程中起到了关键性的作用，没有国家力量作为后盾，朱洪章不可能开河成功。但除了国家权力，地方社会的力量也起到了至关重要的作用。在朱洪章开河过程中，治水的经费很重要的部分来自地方募捐和商号借贷，开河治水的劳役也是地方百姓自愿充当，没有地方力量的支持，朱洪章治水也同样无法成功。由此可以得出，国家力量在地方治水中起到了重要的作用，具有一定的控制力量，但并不是魏特夫所说的“垄断”性控制。这种控制存在于一个范围内，在不同的历史时期，这种控制力量的强弱是不同的。在中央集权的中国历代王朝中，这种控制大部分时间是处于强势地位。对于战后力量薄弱的地方社会而言，这种控制力更为强盛，但对于盛世时期的社会而言，这种控制力则会相对薄弱。

朱洪章在鹤庆开河治水的过程，是国家力量、地方力量和中间力量通力合作的过程国家力量主导，地方力量配合，中间力量协调，最终实现了开河的成功，对于治水，国家有主导和控制的力量，但并没有绝对的控制力，鹤庆的例子一定程度上反驳了魏特夫对于中国治水的绝对理论。

（三）治水中体现的基层社会特点

首先是晚清鹤庆坝子的基层社会力量被国家掌控。从朱洪章开河治水的过程，可以了解到，当时的鹤庆坝子社会，经济力量薄弱，地方社会更多是依赖士绅的领导，无论是在资金的筹集方面，还是在人员的组织方面。地方社会自发的力量不足，并没有建立起有序、稳定的共同管理组织。从朱洪章治水的过程可以发现，士绅并没有能够调动百姓参与开河的力量，包括士绅向地方百姓筹钱，需要知州的批准才能实现，然而士绅和百姓不顾知州的反对参与开河，也是在朱洪章权力的庇护下才能做到。

其次是晚清鹤庆坝子村落基层的组织能力涣散，缺乏社会整合的能力。关于晚清鹤庆坝子基层社会关系，从以下这些水利纠纷中能够发现一些特点。《羊龙潭水利碑序》也记载大清光绪二十七年（1901）六月“松树曲三村控西甸三村‘凿挖水道，屡坏古规’等情”[①]。光绪《鹤庆州志》中还记载：“经迤西道檄饬地方官查看，议以二分给陈家庄，北衙与平坝村各得其四，立石为凭。”[②]《鹤阳新河纪略》记载：

> 复于今春，有甸北诸绅连名具控太平村田宅一案，请余往勘，临期往约，黄州牧同往，至彼各具一词。余向诸绅言曰：“尔等田地相连，朝夕举目亲近，何必兴讼。依余劝，二比无再兴讼，只宜和好，况先年已立凭据，不必言勘查。水患之源宜疏下流，尔等务要同心协力，催夫前来。余带亲兵往疏下流，自能彻底澄清。”两造同声应曰：“若得如此，情愿遵依，不敢兴讼。”

---

① （清）《羊龙潭水利碑序》，见《鹤庆碑刻辑录》，216页，大理白族自治州南诏史研究会，2001。

② （清）《鹤庆州志》，见杨世钰、赵寅松：《大理丛书·方志篇》卷8，445页，北京，民族出版社，2007。

余曰："即如此，当同尔父母官前，各具悔状"，一笑而散。[①]

可以发现，这一时期鹤庆基层的团体组织有的以行政单位"村"为单位；有的则是几个"村"为单位。划分的标准是共同的利益，他们根据利益对立群体来确定组织的边界及组织成员。这些团体基本都是随着矛盾的出现而建立起的，矛盾解决后，这些稀松团体也就失去了存在的意义，这样的地方团体缺乏长期性、稳定性和组织性，没有挣脱国家体制的控制。在晚清时期的鹤庆坝子，自发的、有规模的村落利益共同体并不存在。

最后是关于村落之间相互结盟的"水利共同体"。对学术界讨论的"水利共同体"，在晚清的鹤庆坝子社会中，也没有能够运作的迹象：

其一，晚清的鹤庆坝子旧的社会体系被战争打破，失去了"水利共同体"存在的条件。从丰岛静英在《中国西北部的水利共同体》中给出的"水利共同体"的概念："水利设施是共同体的共有财产，而耕地则为各成员私有；灌溉用水是根据成员土地面积来平等分配，并据以分担相应的费用与义务；于是在各自田地量、用水量、夫役费用等方面形成紧密联系，即地、夫、水之间形成有机的统一。"[②] 可以了解到，"水利共同体"的形成需要人、地、水之间保持固定、持续的关系。然而在杜文秀起义战争之后，鹤庆坝子的田产虽没有全部重新分配，但大量的"逆产"和无主田产被重新做了划分，这就打破了鹤庆坝子原有的人、地、水原有的关系，使鹤庆

① （清）朱洪章：《鹤阳新河纪略》，国家图书馆藏本，第 12 页 AB 面，紫文阁清光绪十八年（1892）刻本，1892。

② 钞晓鸿：《灌溉、环境与水利共同体——基于清代关中中部的分析》，载《中国社会科学》，2006（4）。

坝子失去了“水利共同体”存在的条件。

其二，在晚清这段时间内，鹤庆坝子社会很难形成新的“水利共同体”。钱杭说，水利共同体“在总水量和灌溉面积不变的情况下，它固然是有效的，但却经不起必然会发生的变动。由于它是官府制定、以刻石形式公示于众的一种‘民间秩序’，因而无法再作任何修正，也难以容纳或增加新的受益者”[①]。然而，战争改变了鹤庆坝子的这种“民间秩序”，仅从鹤庆的田产来看，直到光绪二十一年（1895），鹤庆的田赋关系才重新固定下来，“光绪二十一年始将田赋审定”[②]。也就是说光绪二十一年（1895）鹤庆坝子还没有达到“水利共同体”形成的条件，再次证明晚清鹤庆坝子很难形成“水利共同体”。

其三，从朱洪章开河治水来看，对于水患，基层社会缺乏组织性的能力。基层社会的治水活动，是直接在朱洪章及支持他的士绅们的领导下组织起来的，因此至少可以说晚清鹤庆坝子的基层社会在面对“水患”这个共同的灾难时，并没有因此自发地建立起维护共同利益的共同组织。

从晚清鹤庆坝子的例子可以得出，“水利共同体”的建立和维持受各种因素影响，尤其与列为“叛产”土地权属的重新划分有着紧密的联系。当土地归属发生变化后，原有的共同体组织也就不复存在，随着新的归属关系的建立，也可能会产生新的共同组织，但其中的限制因素和变化因素较多。相对的水利共同体是存在的，但是经不起各种变化因素的考验，很

① 钱杭：《“均包湖米”：湘湖水利共同体的制度基础》，载《浙江社会科学》，2004（6）。

② 王树槐：《咸同云南回民事变》，331页，载台湾“中央”研究院：《近代史专刊》（23），1968。

难形成长期、系统、稳定的共同体组织，至少对于刚经历过战争的鹤庆坝子社会而言是如此。因此，“水利共同体”的理论并不适用于中国所有历史阶段，以及所有地区，它可以作为一个参考的概念，却不能成为一个绝对的理论，对于区域水利社会史还需要因时因地，有所区别地进行研究。

五、水利与地方信仰的变化

（一）从梵僧到水神的赞陀崛多

鹤庆水患的发生及治理，对地方文化信仰的影响较为深入，赞陀崛多的故事即为一例。赞陀崛多是南诏时期由印度来到云南传授密教的梵僧，史籍中又称为“摩伽陀”，是在云南传播阿吒力教的重要人物。

赞陀崛多深受南诏王室的器重，曹树翘在《滇南杂志》说到：“蒙氏在蒙化亦以佛教，而所祖为秘密法，与牟尼教微不同，其后张氏衰，蒙氏遂以其术兴。”[①] 赞陀崛多在当时的大理地区具有较高的声誉和社会地位。《宋时大理国描工张胜温画梵像》第 56 号画像中有一位盘坐的僧人，身着圆领僧服，相貌为异域人，这位僧人便是赞陀崛多。他到处建庙立佛，帮助百姓消灾除难，而鹤庆是赞陀崛多传教的重要地区。历史上鹤庆的佛教文化非常昌盛，即使到了今天，鹤庆的佛教文化依旧兴盛，“据不完全调

① （清）曹树翘，字春林：《滇南杂志》，101 页，北京，华文书局，清嘉庆十五年（1810）刊本影印。

查统计，旧时（截至 1949 年 10 月 1 日），鹤庆境内的寺庙达 380 多处。[①]

鹤庆很多庙宇中都供奉着“祖师爷”，基本都流传着祖师爷开辟鹤庆坝子的故事。如菩提寺、水洞寺（水洞祠）、佛光寺、朝霞寺、雪峰庵、紫金庵、千感灵、玉皇阁等。《鹤庆县地名志》载：菩提寺，“相传唐南诏保和年间，有西来赞陀啒哆圣僧者，掷菩提珠泄水开辟鹤庆，迎邑村民将圣僧迎入弥勒殿居之，圣僧以星月菩提珠种树曰：‘菩提树’，以锡杖凿井曰：‘菩提井’。从此改弥勒殿为菩提寺”。朝霞寺，“俗传唐南诏保和年间，有赞陀啒哆圣僧来开辟鹤庆时，在石宝山面壁 10 年，坐禅期满后，架霞气彩桥于东西山之巅，后人为纪念圣僧，修庙崇祀，取名朝霞寺”。[②]甚至在传说祖师爷撒下 108 颗佛珠形成 108 个落水洞的地方建了水洞祠，将祖师爷供奉其中。每年农历四月初八和六月六都会在水洞寺举行祭祀活动。庙会当天鹤庆坝子甸南、甸北的百姓，尤其是妇女，会来祭拜祖师爷赞陀崛多及他为鹤庆开通泄水的“落水洞”。鹤庆坝子的一些其他节日也与赞陀崛多有关，如钓龙节，“是日，人们沿漾江踏歌而行，手舞鱼叉、鱼竿、鱼网等道具，表演钓龙身段。下游腰江、西甸村的白族，打捞江中的数珠菜献给老人。是纪念传说人物牟伽陀的盛会”[③]。还有立夏节、驱虫

① 章天柱（章虹宇）：《旧时鹤庆县境内的寺庙名目》，见章天柱：《鹤庆轶闻》，28 页，北京，团结出版社，2017。

② 鹤庆县人民政府：《鹤庆县地名志》，121 页，1987。

③ 章天柱（章虹宇）：《鹤庆传统节日简介》，见章天柱：《鹤庆轶闻》，51 页，北京，团结出版社，2017。

节，“吃馒头、蕨菜、豆芽、粉丝汤，纪念牟伽陀开疆泄水成功”[①]。

水洞寺的建立可追溯至明代正统年间，“正统八年（1443），郡守林公置水神祠（水洞祠，今名水洞寺）于洞门之涯，祭以四月八日，从民望也”[②]。之后，除了农历四月初八，水洞寺的祭祀又增加了农历的六月六。田野调查中，笔者了解到当地百姓在四月初八到水洞寺祭祀的目的，是为了祈求接下来的栽秧风调雨顺，从而能获得当年庄稼的丰收。四月初八约为当地开秧的季节，六月六则基本是当地栽秧结束的时间，是为了感谢水洞寺的神灵对当地的庇护。

阿吒力教从元朝以后逐步衰落。明太祖曾下令严禁阿吒力教传播。赞陀崛多随着阿吒力教的衰败也曾一度成为“历史”。直到明代正统年间水洞寺修建后，赞陀崛多以“开辟鹤庆祖师爷”的身份再次进入民众的生活中，成为当地的“水神”。这其中官府的力量起到了重要的作用。“水洞祠”的“祠”说明赞陀崛多在水洞祠被供奉是被官府支持的。明清两朝信奉儒家文化，推崇儒家“仁”的思想，要求“法施于民，则祀之；以死勤事，则祀之；以劳定国，则祀之；能御大灾，则祀之；能捍大患，则祀之”[③]。赞陀崛多开辟鹤庆的传说符合儒学的文化思想，因被推崇。其将国家正统文化与地方传统信仰相融合，加强了国家对于地方的管控，提升国

① 章天柱（章虹宇）：《鹤庆传统节日简介》，见章天柱：《鹤庆轶闻》，51页，北京，团结出版社，2017。

② （明）樊巍：《水洞祠记》，见《鹤庆碑刻辑录》，102页，大理白族自治州南诏史研究会，2001。

③ （汉）《礼记·祭法》第23，《世和经典教育·经史子集》，150页。

家文化思想在地方的传播。而地方传统信仰加入国家力量的干预，保障了传统文化在国家控制下的长远发展，所以赞陀崛多信仰能够发展至今。

当地百姓对于赞陀崛多的信奉具有一定的稳固性，即使在康熙年间，阿吒力教不受朝廷的庇护，赞陀崛多也没有被“遗弃”，仍被当地百姓所信奉。这与鹤庆历史上一次次的水患是分不开的。因为水患，嘉靖二十一年（1542）郡守周公“因思尊者之功，曰‘神哉！其利于吾民若是，何报功之典历世莫之讲也？’乃使居民求其像于元化寺，而迎之置于洞门之隅，而堂之住持时拈香以供之”[①]。鹤庆发生水患时，百姓没有力量治理水患，将希望寄托于“神灵”，人们首先想到的便是开辟鹤庆的“祖师爷”赞陀崛多。水患巩固了赞陀崛多在百姓心目中的“水神”印象，推动赞陀崛多传说在当地的持续发展。

在百姓面对凶猛的水患时，“水神”赞陀崛多给予了百姓更多的希望。这为后来百姓支持朱洪章治水及朱洪章成为地方“神”，打下了百姓观念上的基础。

（二）从绿营到镇江庙的朱将军

朱洪章为鹤庆开河治水成功，功高望重，地方百姓为其修建了镇江庙，塑像于其中，当地后人称庙中的朱洪章为“朱将军”。当地还设立杨朱二公祠堂。镇江庙今天仍然存在，并且香火不断。庙的墙壁上写有许多歌颂朱洪章的诗词。朱洪章成为继赞陀崛多之后又一新因治水而被供奉的人物。朱洪章已然也成为鹤庆的“神”。

---

① （明）樊巍：《水洞祠记》，见《鹤庆碑刻辑录》，103页，大理白族自治州南诏史研究会，2001。

朱洪章由总兵成为庙中被供奉的“朱将军”的原因如下：

首先，朱洪章以一人之力完成了冯杨两位前人未完成的开河工程。朱洪章开河过程具有神奇色彩，《南新河记》中说到“其间或废或举，虽视乎天心，亦凭乎人事。矧掘地导江，古帝其难。非有经天纬地之才，则不能创其始；非有倒海移山之力，则不能要其终。君子观于漾弓之开辟，益信人力之可以补天工焉”[①]。可见当时百姓对于朱洪章开河的评价之高，将其称为“补天之工”。朱洪章也成为了百姓们心中的“神人”。

其次，朱洪章被当作和赞陀崛多一样的“神”。在朱洪章鹤庆治水之前，鹤庆百姓把朱洪章看作跟赞陀崛多一样，是来帮助当地治理水患的“神”。据说赞陀崛多离开鹤庆时留下了一句话：“水洞不塞，伽陀不灭。后有来人，聪明透彻。等他来时，胜于我说。我始我，大明大白。”[②]在朱洪章开河之前，当地人就在“署前贴有无名揭帖一张，内云‘水硐不塞，祖师不灭；水硐若塞，必有来人；聪明透彻，我始我终，大明大白’，谓余系伽陀复生”[③]。在开河初见成效时，“众父老同至江干称贺，欢声震地，赞称曰：‘真祖师也’”[④]。朱洪章成为了鹤庆百姓对赞陀崛多信仰的延续和发展。

---

① （清）杨金和：《南新河记》，见《鹤庆碑刻辑录》，208 页，大理白族自治州南诏史研究会，2001。

② 章天柱（章虹宇）：《牟伽陀开辟鹤庆》，见《鹤庆石宝山》，47 页，北京，团结出版社，2017。

③ （清）朱洪章：《鹤阳新河纪略》，国家图书馆藏本，第 2 页 A 面，紫文阁清光绪十八年（1892）刻本，1892。

④ （清）朱洪章：《鹤阳新河纪略》，国家图书馆藏本，第 4 页 A 面，紫文阁清光绪十八年（1892）刻本，1892。

再有，朱洪章符合被供奉的身份。

> 夫圣王之制祭祀也，法施于民则祀之，以死勤事则祀之，以劳定国则祀之，能御大灾则祀之，能捍大患则祀之……此皆有功烈于民者也；及夫日、月、星辰，民所瞻仰也，山林、川谷、丘陵，民所取材用也。非此族也，不在祀典。[①]

也就是说要对百姓、国家和社会有贡献的人，才会被国家列入“祀典”，才能进入“祠堂”被供奉。朱洪章在去世后，张之洞梳理朱洪章陈年的战绩，称朱洪章是收复江宁城功劳第一的人，于是向朝廷申请，为朱洪章列传，从优议恤，追谥武慎，配享曾国藩、国荃、胡林翼的专祠。[②]因此，朱洪章有被进庙供奉的身份。

此外，朱洪章为地方消除了水患，救民于水火中，解决了鹤庆坝子百姓历史性的难题，实现了百姓消除水患的愿望。朱洪章心系百姓，真心为百姓解决困难，舍己为民，充分赢得了民心，备受当地百姓的信奉。供奉朱洪章，是当地人对朱洪章表达感恩的一种方式。

最后，与地方文化有关，西南地区有将一些现实中的人供奉为神的传统，如赞陀崛多、杨泗将军等。鹤庆百姓至今仍在供奉朱洪章，这还与地方文人对朱洪章故事的传颂有着紧密的关系。今天去镇江庙还可以看到，庙的墙壁上贴有许多的打油诗和歌词，都是来歌颂朱洪章的，他们通过这样的方式让后人一直记得朱洪章，记得朱洪章为鹤庆开河治水的事迹。鹤

---

① （汉）《礼记·祭法》第二十三，《十三经注疏》整理委员会：《十三经注疏·礼记正义》卷第46，1307页，北京，北京大学出版社，1999。

② 《清史稿》，台北“故宫博物院”图书文献馆，编号70100795-01。

庆当地的老一辈人识字的不多，因此通过打油诗和歌曲更能将故事传颂下去。

六、总结

西南地区具有特殊的地理、气候特点，晚清时期的鹤庆，还具有特殊的历史环境。晚清鹤庆坝子的水患，是特殊自然、历史背景下的区域社会的灾难。水患治理推动了当地经济的发展，也反映了鹤庆坝子的一些特点。当时鹤庆坝子的区域社会结构中，位于坝子社会上层的“国家权力”对地方社会的发展具有决定性的作用，但是同为代表国家权力的文官和武官在地方社会中存在权力争夺、相互制衡的关系，他们之间的这种关系对于地方社会有利也有弊。位于鹤庆坝子社会中层的“地方精英”士绅群体，他们在不同时期寻找不同的“靠山”，为之效力，来达到自己的目的。对于地方社会底层的百姓群体，战争破坏了基层社会原本的社会秩序，战后的基层社会更多是在国家机制管控下的被动运行，能动性较低。

从朱洪章治水的过程可以看出，即便在清末的时空条件下，“国家权力”对地方治水仍然起到了主导作用，但已经不是“绝对”的控制力量。从治水过程还可以发现，鹤庆坝子基层社会中自发的、稳定的基层组织并没有建立起来，临时的“共同利益组织”是存在的，但这些“临时组织”随“利益”变化而随时发生改变，说明晚清的鹤庆坝子没有形成真正的“水利共同体”。通过鹤庆坝子这个例子可以了解到，“水利共同体”的形成过程较为简单，但维持的条件却较为苛刻，很难拥有长期性和稳定性。

朱洪章开河治水的成功，对于地方社会的影响是深远的，除了经济上的推动，政治上的稳定，还有文化、信仰的发展和变化，其中的发展主要突出在“水神”信仰方面，如百姓对赞陀崛多的信仰，推动了赞陀崛多在鹤庆的发展，也使其传说流传至今。其中的变化在鹤庆坝子还增加了对朱将军的信仰，坝子百姓多了一位“水神”，赞陀崛多的传说有了“后续”，丰富了地方社会的信仰和文化。

云南大理海东传统节庆联盟[①]

廖迪生[②]

一、研究缘起

云南大理是白族聚居的地方，作为少数民族地区，大理的白族地方社会曾经维持着很多有特色的地方节庆传统。“风调雨顺、五谷丰登、六畜兴旺”是流行的节庆祝福语，大家希望通过节庆的仪式活动，带来神明的庇佑。这些经过长时间发展而形成的地方周年节庆活动，还有很重要的社会文化意义。在一整年里，乡民每天都辛劳地工作，节庆是一个调适的日子，让乡民放下手上的工作，娱乐一番，一同观赏多彩多姿的民俗活动，更可以维系乡民之间的情谊。这些周期性节庆活动，都是地方社会自发组织，乡民亲身参与而成。从社会学的角度来看，乡民以乡村单位形式参与节庆活动，可以促进乡村之间的关系，维持一个非形式化的地方节庆联盟。

中国传统社会的地方节庆活动多以庙宇及庙宇供奉的神明为焦点，活

---

① 本研究是香港科技大学华南研究中心与大理大学民族文化研究院合作开展的项目之一。在研究过程中得到赵敏、寸云激、李学龙及马健雄等多位学者的帮助及分享研究心得，谨致谢忱。

② 廖迪生，美国匹兹堡大学人类学哲学博士，香港科技大学人文学部教授，华南研究中心主任。

动的目的是酬谢神明的庇佑，举行大型的庆祝活动，吸引乡民参加。中国南部民间宗教的研究提出“祭祀圈”及“信仰圈”的概念，指出居住在一个固定范畴内的乡民参与同一庙宇庆祝动而形成“祭祀圈”，环绕同一神明的庆祝活动则会促成“信仰圈”。[①] 而在同一个灌溉系统中的乡村环绕一所“联乡庙宇”举行周期性节庆活动，维系乡民之间的关系，强化乡约联盟组织，寻求共同利益。[②] 这些节庆都是“焦点式”的庆祝活动，特点是

---

① 中国台湾的民间宗教研究以“祭祀圈”的概念分析庙宇节庆活动中的地方社会参与，祭祀圈内成员共同参与，以神明崇拜或庙宇活动来界定祭祀边界范围。祭祀圈可以是地方组织，与村庄组织或村庄联盟有着密不可分的关系。在祭祀圈之上，以妈祖崇拜活动为例，在一个广阔地区的供奉同一神明的组织，形成跨地域的组织，是为“信仰圈”(林美容:《由祭祀圈到信仰圈：台湾民间社会的地域构成与发展》，见张炎宪编:《中国海洋发展史论文集(三)》，95—125 页，台北，“中央”研究院三民主义研究所，1988)。郑振满的研究指出福建莆田亦有祭祀圈的现象与组织，唯其演变自明代的里社制度，而村庙祭典组织与基层社会运作，例如地方水利系统的管理，有着密切的关系 [郑振满:《神庙祭典与小区发展模式：莆田江口平原的例证》，载《史林》，1995 (1)，33—47 页、111 页]。

② 香港新界的研究显示节庆活动与传统地方社会组织及经济活动有非常密切的关系。耕作水稻的乡村需要依赖水利灌溉，所以在一个灌溉体系内的乡村便会组成“乡约”联盟，保护共同利益，但也引至相邻乡约的冲突甚至械斗。乡约成员乡村以“联乡庙宇”作为焦点，举行周年节庆活动，团结地方社会。联盟成员乡村的身份以及相邻联乡组织的竞争关系，都会在节庆安排中显现出来。参看 Brim, John. Village Alliance Temples in Hong Kong. In Religion and Ritual in Chinese Society, ed. Arthur P. Wolf, pp.93–103. Stanford: Stanford University Press, 1974；华琛 (James L. Watson):《斗之既“戏”：香港乡村的宗教巡游、政治、暴力恐慌》，见 [美] 华琛、[美] 华若璧:《乡土香港：新界的政治、性别及礼仪》，第 4 部分：宗教礼仪及象征，257—268 页，香港，香港中文大学出版社，2011；廖迪生:《由“联乡庙宇”到地方文化象征：香港新界天后诞的地方政治意义》，见林美容、张珣、蔡相辉编:《妈祖信仰的发展与变迁》，79—94 页，台北，台湾宗教学会，2003。

所有成员乡村都在同一个时间、同一个地点参加活动，而活动通常在一至数天内完成。

本文以云南大理海东地方社会为例，通过节庆活动探讨地方社会的组成以及其在坝子社会文化体系中的意义。[①] 由于政治的原因，很多大理的地方节庆活动在 20 世纪 50 年代初停止举行，然后在 20 世纪 80 年代开始恢复。“本主节”“火把节”及“游花船”等成为现时海东地区的主要周期节庆活动，而大理海西的“绕三灵”更成为白族每年的民俗节庆盛事，吸引整个大理坝子的白族成员参加，当中更不乏海东的参与者。

在海东地区，白族乡村自己举行的本主节与火把节，以及多条海边乡村一起参与的游花船，都是焦点式的节庆活动。乡民都会在同一个时间、同一个场地参与庆祝活动。然而，这些焦点式节庆活动规模都相对较小，若要在海东地区组织一个大范围的跨乡村的焦点式庆祝活动，则需要大量人力物力支持，对位于坝子边缘地理位置的海东来说，人口相对少，经济相对困乏，并不是一件容易的事。

然而海东地区社会，则维持着一套独特的“接佛”活动，解决了动员

① 云贵高原地势崎岖陡峭，加上海拔高度不同而出现的气温差异，形成多元的生态及文化环境。本文尝试以坝子地理及节庆活动作为起点，探讨海东社会之结构。另参看赵敏、廖迪生：《云贵高原的“坝子社会”：历史人类学视野下的西南边疆》，昆明，云南大学出版社，2015；赵敏、廖迪生：《云贵高原的“坝子社会”：道路、资源与仪式诠释》，昆明，云南大学出版社，2018。

所有村落在一个短时间内参加同一个节庆活动的困难。[①] 每年正月，参与活动的成员乡村，以接力的方式，轮流将阖境本主的神像接到自己的乡村供奉，然后邻村前来迎接，如此类推，轮流供奉，神像巡游所有成员乡村后，被送返庙宇，完成整个节庆活动。庆祝活动可以长达一个月。这个轮流接佛的仪式体系，并不需要所有成员乡村在同一时间、同一地点参与，接力方式可以让成员乡村按自己的能力组织参加，不仅照顾到个别乡村的差异，也同时达到凝聚联盟乡村关系的效果。

二、海东地理生态及其在坝子社会的区位特征

（一）海东的地理生态

地方节庆活动之传承，需要乡民的参与，人力物力是维持这些活动的重要因素，这便关系到地区的经济与生态环境。云贵地区为高原地带，中间有很多盆地，称为“坝子”，盆地中间的平地部分称为“坪坝”。本文探讨的海东地区位于大理坝子的东南面。大理坝子是中国西南地区的一个

---

① 这种以迎接供奉保护神神像的节庆活动，在大理很多地方都有。在海东北面挖色的大成，于正月初十至十六日举行“迎本主节”，由数个乡村轮流迎送神像（王富：《大理挖色鲁川志稿》，251—253 页，大理，大理白族自治州南诏史研究会，2003）；寸云激在对鹤庆的研究指出，当地流行相类似的正月“接老爷”活动（寸云激：《从接天子谈鹤庆的水利、市场与村落联盟》，见赵敏、廖迪生编：《云贵高原的“坝子社会”：历史人类学视野下的西南边疆》，56—72 页，昆明，云南大学出版社，2015）；李东红及杨利美的文章亦描述了在洱源县城关乡及凤翔镇轮流供奉本主神像的节庆活动［李东红、杨利美：《白族本主庙会及其文化内涵》，载《云南民族学院学报》（哲学社会科学版），1996（4），36—41 页］。

盆地，盆地中间的洱海为一狭长大湖，自北向南伸展，面积达250平方千米，水面海拔1972米。洱海西岸是肥沃的海西平原，是大理古城所在。总的来说，大理坝子是云南地区历代的经济及政治中心。

大理坝子四周有高山环绕，最高的达4000米以上，山坡山势倾斜陡峭，高度增加得很快，低地与山区有很不一样的生态环境，在不同的高度，有不同的天然资源。在水源相对丰富的平地，可以从事水稻耕作，在高地可以种植果树。但在很多高山地带，乡民只可以用刀耕火种的方式耕作，附以采集及狩猎方式维持生计。

大理坝子的东部，也就是洱海的东岸，由崎岖的山岭组成，有挖色及海东两个比较大的谷地，这两个谷地也被称为“坝区”。本文讨论的海东，在洱海的东南岸，属丘陵地带，石灰岩地形；区内山峦峰顶高于洱海水面约200多米。整体来说，水源并不丰富，农业也不算发达。海东地区的三个河谷地带[①]，则得到泉水的灌溉，可以耕种稻米。这些河谷由东向西、自山区向洱海伸展。北面的河谷是向阳、名庄及三曲等乡村所构成的“片区”，历史上亦称“海东耆”，现在也是狭义的“海东”。南面相邻的片区，包括由南村至尊庄的乡村，历史上称“海南耆”，现亦称“海南”。再往南的是由下和至上和等乡村所构成的片区。这三个片区都各有河流注入洱海，形成向阳、南村及下和三个海湾。[②]

在大理，很多地方以“箐”命名，“箐”是指山区中的谷地，也是河溪流经的地方，是水的来源。以海东片区为例，谷地得到“老太箐”的水

① 杨沛民等:《大理海东志略》，29页，昆明，云南人民出版社，2010。

② 张奋兴:《大理海东风物志（三）》，130—146页，昆明，云南人民出版社，2016。

源溉灌，可以从事农耕活动，但由于水源并不丰富，大家便发展出一套分水的溉灌安排，形成了谷地中的灌溉管理系统。

由于谷地地势比较平缓，方便行走，也就成为骡马运输的路线。马帮路线经海东谷地接连东面山区，然后经宾川通往其他地方，成为历史上大理坝子与外界联系的其中一条交通孔道。[①] 海东沿岸的三个海湾也成就了海东在洱海的水上运输角色。经马帮运来的货物，可以经海东的两个古渡口[②]，由水路运到洱海沿岸所有地方。水运的好处是比较灵活，运输船只可以行走洱海不同地方。金梭岛及沿岸海湾成为渔业及水上运输的基地；海东也成为马帮与水上运输的一个枢纽。

（二）坝子的“中间地带”

云贵山区地形崎岖，形成高地与低地之间、山岭与山岭之间以及盆地与盆地之间的经济及文化差异，促成地方之间的物资交流。坝子盆地底部地势低，容易形成湖泊，亦有河流经过，虽然这些河流也会将不同的坝子连接起来，但这些水路网络水流湍急，加上河面峡窄而两岸山势陡峭，水运不能发挥作用，陆路交通便成为主要的运输方式。山区运输要依靠骡马背负物资，马帮便成为主要的运输组织。[③] 马帮穿过山岭，来往不同坝子之间，河谷也便成为他们行走的路线。马帮的路程可长可短，长的可以是数

---

① 张奋兴：《大理海东风物志续编》，331—335 页，昆明，云南人民出版社，2008。

② 张奋兴：《大理海东风物志》，24—28 页，昆明，云南民族出版社，2006；张奋兴：《大理海东风物志（三）》，132 页，昆明，云南人民出版社，2016。

③ 张奋兴：《大理海东风物志续编》，351—358 页，昆明，云南人民出版社，2008。

个星期的时间，沿途需要休息及补给。马帮交通网络的维持，除了是地形配合之外，还需要补给点的支持。①

坝子盆地底平地，是人口及经济活动的中心、是墟市的所在地。② 山区的大部分地方是斜坡，缺乏平地，也因而形成很多小的聚落。这些小小区，需要与邻近的小区相互合作，也要到坝子平地的墟市进行补给交换。山区的物产也自然地流向坝子平地的墟市。地理上，大理海西平原上的大理古城及下关，是大理坝子的经济政治及社会文化的中心。虽然海东位于大理坝子的边缘，但在传统社会，它是大理坝子连接外界社会的一条交通要道，是大理坝子与外界的“中间地带”，海东也因而担当着一个中介的角色。整个洱海沿岸的乡镇，都可以通过水路交通与海东连接，③ 再通过马帮与外界交流物资。海东的水陆交通运输网络，一方面连接大理坝子，另一方面连接着山区；交通网络所支持的经济文化基础亦成为营造海东传统

---

① 参看马健雄、马存兆：《马帮交通的跨越性与限制：以赵州坝子为中心的考察》，见赵敏、廖迪生：《云贵高原的“坝子社会”：历史人类学视野下的西南边疆》，84—111 页，昆明，云南大学出版社，2015；另参看姚继德：《云南回族马帮的组织与分布》，载《回族研究》，67—75 页，2002（2）。

② 施坚雅（G. William Skinner）以四川平原地带的研究指出，庙宇宗教与地方经济及社会组织有着有机的结合，由于地方社会都要依赖市场交换，出售他们的生产物，再而购入他们所需要的物资；而在这些墟市中，亦有庙宇供奉小区的保护神。相邻的周期墟市（periodic Market）形成机械式的六角形蜂巢式分布，而这一个市场体系更与王朝的政治行政体系结合而形成不同层次的市场体系（施坚雅：《中国农村的市场和社会结构》，北京，中国社会科学出版社，1998）。

③ 当然，洱海的水路运输并不一定要通过海东，水路运输的优点是可以将洱海沿岸不同地点，弹性地联系起来，利用不同方向的运输路线与外界联系。

节庆体系的元素。

三、三个层次的传统节庆活动

在悠长的历史进程中，大理的地方社会发展了很多不同形式的地方宗教仪式及节庆活动。这些节庆仪式活动与本主崇拜有着密切的关系，本主崇拜是大理白族地方社会最主要的宗教活动，每一个有规模的乡村都有自己的本主庙，供奉小区域的本主保护神。本主可以是不同的神明，而每一间本主庙也供奉很多其他的配祀神明。① 乡民每年都会举行“本主节”，庆祝本主的生日，酬谢本主的庇佑。由于各乡村供奉不同的本主神明的生日在不同的日子，也形成了各自的节庆活动周期。

大理坝子四周山地地势崎岖，乡村分布在不同的地方，一些细小的聚落没有自己的本主庙，但他们会与相邻乡村共同供奉一位阖境本主，而这位本主所在的庙宇便成为“阖境本主庙”。在海东，一些人口比较多、规模比较大的村落，一方面有自己的本主庙，但也是阖境本主的庆祝活动的一员，这便形成了在一年内，乡村有两个不同时间的本主庆祝活动。

在海东，跨村落的阖境本主庆祝活动在正月举行，地方称为“接佛”。接佛活动是在一个范围内的乡村，轮流“接力”把阖境本主的神像接到自

① 张奋兴:《大理海东风物志续编》，5—6页、89—90页，昆明，云南人民出版社，2008。有关白族本主崇拜研究，参看杨政业:《白族本主文化》，昆明，云南人民出版社，1994；梁永佳:《地域的等级：一个大理村镇的仪式与文化》，80—91页，北京，社会科学文献出版社，2005；白志红:《人类学视域中的白族本主崇拜》，载《宗教学研究》，119—126页，2017（4）。

己的乡村里让村民供奉，庆祝活动完结后，下一乡村的村民前来接走神像，各乡村轮流接力供奉，直到神像在区内乡村巡游一圈后，被送回阖境本主庙，整个接佛仪式也便完成。地方也会称接佛乡村的庆祝活动为本主节，但传统上则称之为“门前会”[①]，接来的神像置于特设的“接佛房”内供奉，明显地，乡民视这些神明为前来巡视的贵宾，有别于自己乡村本主庙内供奉的保护神。

在海东，另一个主要的周期性节庆活动是火把节。[②]在农历六月二十五日晚上，白族乡民每家每户都会点燃小火把，庆祝火把节，而一些具规模的乡村，更会在乡村的广场竖起大火把，然后环绕大火把进行仪式活动。大火把的顶端放置代表五谷丰登的“升斗”装饰。乡村里的新婚男士帮忙工作，莲池会的成员为大火把诵经，然后燃烧火把。乡民也跟着点燃小火把庆祝，也有乡民在现场载歌载舞，整个乡村小区一齐庆祝。[③]这是一个以村落为单位的节庆活动。至于没有举行竖大火把仪式的乡村，乡民都会跑到空旷的地方燃烧小火把，庆祝火把节。

在火把节当天，海东洱海沿岸的乡村举行“游花船”活动，[④]各乡村派

---

① 张奋兴:《大理海东风物志》，218—223 页，昆明，云南民族出版社，2006。

② 廖迪生:《中心的边缘：大理洱海渔民与白族地方文化》，见赵敏、廖迪生:《云贵高原的“坝子社会”：历史人类学视野下的西南边疆》，29—55 页、48—50 页，昆明，云南大学出版社，2015。

③ 张奋兴:《大理海东风物志》，243—248 页，昆明，云南民族出版社，2006。

④ 张奋兴:《大理海东风物志》，249—258 页，昆明，云南民族出版社，2006；张奋兴:《大理海东风物志续编》，165 页，昆明，云南人民出版社，2008。

出自己的“花船”，在海东的海湾竞赛。花船船身绘上彩色龙纹图案，船的桅杆位置放置代表五谷丰登的升斗装饰，与大火把顶上的装饰一样。传统上，游花船每年都举行，在20世纪50年代停止，而在十多年前恢复，现改为每三年举行一次。

除了个别村落及跨村落的节庆活动之外，村民也会参与大理海西的绕三灵。绕三灵是有名的白族周年节庆仪式活动，是族群的象征。① 每年农历的四月二十三至二十五日②，来自不同地方的信众，都会到神都、佛都、仙都等三个地方的庙宇参拜，有些信众会按传统，三天内按次序到不同的仪式地点参拜，但也有信众只有到个别的庙宇或地点参拜。乡民可以个人的方式参加，但也有以乡村单位的名义参加的，乡民代表领着自己乡村的本主神牌参加绕三灵，乡村的莲池会亦会参与其中，在活动过程中诵经。绕三灵活动是以传说中的神明作为焦点，吸引各地信众的参与。这是一个朝圣活动，每年到了既定的日子，来自各地的参与者，都会自动地跑到既定的仪式场地参加庆祝活动，并不需要一个领导组织的具体安排。

简单来说，海东的节庆仪式活动，可以分为三个层次，一是乡村的层次，以乡村自己的本主庙为中心，筹办庆祝活动；二是跨乡村的地域性活

① 张云霞：《金姑的背影：大理绕三灵的历史人类学研究》，昆明，云南人民出版社，2017；赵玉中：《民俗类“非物质文化遗产”的保护与传承：以大理白族“绕三灵”为例》，载《昆明理工大学学报》（社会科学版），92—97页，2013第13卷第3期。

② 张云霞的研究指“绕三灵”的活动在农历四月二十二日便开始（张云霞：《“绕三灵”与大理坝子的社会建构：以“神都”为中心展开的讨论》，见赵敏、廖迪生编：《云贵高原的“坝子社会”：道路、资源与仪式诠释》，84—114页、88页，昆明，云南大学出版社，2018）。

动，内陆的乡村以阖境本主为焦点而进行接佛活动，而以渔业及海上运输活动为主的乡村，则举行游花船的庆祝活动；另一个层次是跨区域的节庆活动，大理白族的乡民到海西参与绕三灵。

（一）灌溉体系与神明崇拜

在海东，农业耕作的水源，大都是来自山泉。泉水形成水潭，然后沿着河溪流到河谷低地的农田。地方社会都有流行的“出水”传说，内容都是说该地本来没有水源，后来来了神明，让该地方出水，形成水潭，灌溉下游地区。在海东片区，传说在老太箐首先出现的，是由三姑老太带来的泉水，由于祂被封为“垂裕圣母”，所以该泉水被称为“垂裕水”。后来在同一个地点，金轮圣母带来了“金湫水”，形成了灌溉海东片区的主要水源。[①] 位于海东片区北面玉龙村的水源，则传说是来自“悯慈圣母”。在海南片区，水源来自上登村，传说该处的两股水分别是由老龙王及新龙王带来。而南面上和村的水源，则是来自“济慈圣母”。

有趣的是，这些带来泉水的神明，在传说故事中都有着姊妹关系。在上和村留传的传说故事，指出为地方带来水源的济慈圣母，与老太箐的金轮圣母及为普和村带来水源的金江圣母，同是龙王的三位女儿。[②]

在水井村，也有相类似的传说。故事的三位主角是金沙江龙王的女儿，这三位龙女分别为三个地方带来泉水：大姐为宾川鸡足山下的沙址

① 李洋、李奇彬：《海东镇志》，361 页，昆明，云南民族出版社，2011；张奋兴：《大理海东风物志》，61—63 页，昆明，云南民族出版社，2006。

② 杨映石：《大理市海东镇白族村考》，12 页，昆明，云南人民出版社，2016。

带出了一股水，二姐在海东老太箐形成了金湫水，三姐则为海东玉龙村带出了一股水。[①] 在玉龙村，也留传着相同的故事，但故事的主角则变成是东海龙王的三位女儿：宾川沙址的是"银轮圣母"，老太箐的是"金轮圣母"，而玉龙村的是"悯慈圣母"。[②]

传统地方社会都相信水源与龙有关，龙神或是龙王的女儿为地方带来水源，因而也受到乡民的供奉。由于海东的小型河谷地带接受同一水源的灌溉，这些水源神明也很自然地受到该地区乡民的供奉，[③] 成为河谷内村落接佛活动的对象。而有关相邻水源神明的姊妹关系传说故事是一个比喻，喻示相邻地方社会的友好关系，成为海东传统节庆联盟的脚注。

（二）轮流接佛与阖境本主

在正月，海东地区有五个接佛活动[④]：①海东片区，以金轮圣母为主神，②海南片区，以囊葱独秀为主神，③玉龙村，以悯慈圣母为主神，④上和村，以济慈圣母为主神[⑤]，⑤文笔村，以张公老太为主神[⑥]。在这五个接佛活动中，玉龙村、文笔村及上和村的活动是由自己乡村单独进行，没有

---

① 杨映石：《大理市海东镇白族村考》，100 页，昆明，云南人民出版社，2016。

② 杨映石：《大理市海东镇白族村考》，217 页，昆明，云南人民出版社，2016。

③ 另参看李菲菲：《水神信仰下的干旱认知研究：基于大理海东的个案分析》，载《青海民族研究》，28—32 页，2016，27（3）。

④ 杨沛民等：《大理海东志略》，315—317 页，昆明，云南人民出版社，2010。

⑤ 杨映石：《大理市海东镇白族村考》，9—10 页，昆明，云南人民出版社，2016。

⑥ 杨映石：《大理市海东镇白族村考》，236—242 页，昆明，云南人民出版社，2016。

其他乡村的参与。他们的活动方式是村民到邻近的庙宇将神像接回村里，置于接佛房内让村民供奉，同时举行数天的庆祝活动，然后把神像送回庙宇，活动便也结束。

海东片区（简称“海东片”）及海南片区（简称“海南片”）举行的接佛活动是跨村落的，接佛的对象是阖境本主及庙内配祀神明的神像。活动的形式是乡村的成员到本主庙迎请神像到自己的乡村供奉，通常是供奉一或数天，然后由邻村的迎神队伍前来迎请神像到他们的乡村供奉，余此类推，直至所有成员乡村完成接佛活动。对没有本主庙的乡村来说，阖境本主便是他们的保护神，接佛活动也就是他们乡村的本主节。通过周年的接佛活动，每一个参与的乡村便成为阖境本主节庆联盟的一份子。

传统上，海东片的接佛活动在农历正月初五日开始，文曲、武曲及和曲（合称“三曲”）三村的村民，前往老太箐的上老太庙迎接金轮圣母及垂裕圣母等 17 个神像，队伍抬着 15 顶轿子，首先中途于街登甸旁停靠，然后接至下老太庙供奉。初八一天，名庄村的队伍到下老太庙迎接神像到他们的村庄，然后按次序由江上、下节、佛头甲（向阳街）、塔村、高登甲、波许场等村接力迎接，在二十三日将神像送到下老太庙，然后于二十五日将神像送回老太箐的上老太庙。[①]

这个接佛活动在 20 世纪 50 年代停止，1983 年恢复。恢复的时候，增加了参加的乡村，这些乡村包括在河谷东面、老太庙附近的磨房、沿桥、

① 张奋兴：《大理海东风物志》，143—146 页，昆明，云南民族出版社，2006；对接佛的神像数目，另一说法是 18 尊。参看杨映石：《大理市海东镇白族村考》，165 页，昆明，云南人民出版社，2016。

表素及老太箐村，以及在洱海边上的金梭岛。虽然增加了参与的乡村，对原来参与接佛仪式的乡村来说，他们大都还是按照原来的日子进行接佛活动。所以调整的是增加了接佛活动的日子，活动则提早由正月初二开始，延迟至正月二十九日结束。

表 1 海东片接佛安排一览表[①]

<table>
<tr><td colspan="2">传统接佛安排</td><td colspan="2">1982 年后接佛安排</td></tr>
<tr><td>日期（正月）</td><td>参与乡村</td><td>日期（正月）</td><td>参与乡村</td></tr>
<tr><td rowspan="3"></td><td rowspan="3"></td><td>初二至初三</td><td>磨房</td></tr>
<tr><td>初三至初四</td><td>沿桥</td></tr>
<tr><td>初四至初五</td><td>表素</td></tr>
<tr><td>初五至初八</td><td>文曲、武曲及和曲（合称三曲）接至下老太庙</td><td>初五至初八</td><td>三曲接至下老太庙</td></tr>
<tr><td>初八至十二</td><td>名庄</td><td>初八至十二</td><td>名庄</td></tr>
<tr><td>十二至十五</td><td>江上</td><td>十二至十五</td><td>江上</td></tr>
<tr><td>十五至十六</td><td>下节</td><td>十五至十八</td><td>下节</td></tr>
<tr><td>十六至十八</td><td>佛头甲（向阳街）</td><td>十八至二十</td><td>向阳街</td></tr>
<tr><td rowspan="2">十八至十九</td><td rowspan="2">塔村</td><td>二十至二十二</td><td>塔村</td></tr>
<tr><td>二十二至二十四</td><td>金梭岛</td></tr>
<tr><td>十九至二十一</td><td>高登甲</td><td>二十四至二十五</td><td>高登甲</td></tr>
<tr><td>二十一至二十三</td><td>波许场</td><td>二十五至二十七</td><td>波许场</td></tr>
<tr><td rowspan="2">二十三至二十五</td><td>三曲接回至下老太庙</td><td>二十七至二十八</td><td>三曲接回下老太庙</td></tr>
<tr><td>送回上老太庙</td><td>二十八至二十九</td><td>送至磨房村前大桥头，老太箐接回上老太庙</td></tr>
</table>

① 李洋、李奇彬：《海东镇志》，357 页，昆明，云南民族出版社，2011；另参看李菲菲：《区域社会变迁与大理海东的本主巡游仪式》，载《中华文化论坛》，102—108 页，2017（1）。

这是海东片接佛的整体安排，然而个别乡村也会有乡村自己的庆祝活动安排。以名庄为例，该村于初八至十二日，同时接送金轮圣母及悯慈圣母。这也就是说，名庄除了参加金轮圣母的接佛活动外，他们还迎接玉龙村旁老太庙的悯慈圣母神像。从名庄村的角度，金轮圣母及悯慈圣母是两姊妹，而名庄村的耕地也受益于悯慈圣母的水源。[①] 然而，名庄除了接佛外，也有自己的本主庙供奉“孟获三兄弟”，并在正月十六至十八举行自己乡村的本主节。[②]

在海南片，接佛活动在正月初六日开始，乡民到上登本主宫殿迎接主神“囊葱独秀”的神像。囊葱独秀并不是水神，传说他是唐朝领兵攻打大理的李宓将军麾下的一名战将，字国保，后来在大理被供奉为地方保护神。[③] 然而接佛活动所迎接的神像还包括为海南片引来水源的新旧龙王等一众 10 个神像。

海南片接佛活动，每年的领头接佛队伍由北村及南村轮流担任，逢单数年份由北村负责，而逢双数年份则由南村负责，接佛队伍把所有神像接到自己的乡村内供奉，南七场是接着第二个接佛的乡村，跟着是北村或南村，所以南村及北村的接佛次序是分别第一或是第三名，之后的接佛次序

① 杨映石：《大理市海东镇白族村考》，218 页，昆明，云南人民出版社，2016。乾隆四十六年，名庄玉龙两村发生争水官司，官判按乾隆四十五年古例放水，并立碑为记（张奋兴：《大理海东风物志续编》，251—252 页，昆明，云南人民出版社，2008）。

② 张奋兴：《大理海东风物志续编》，176—178 页，昆明，云南人民出版社，2008；杨映石：《大理市海东镇白族村考》，206—207 页，昆明，云南人民出版社，2016。

③ 杨映石：《大理市海东镇白族村考》，22—23 页、50—51 页，昆明，云南人民出版社，2016。

是大竹园、水井、尊庄、龙头及石头村，到最后于二十二日将神像送回上登本主宫殿。

表 2　海南片接佛安排一览表[①]

日期（正月）	参与乡村
初六至初七	上登本主宫殿出门，由北村（逢单年）/ 南村（逢双年）负责迎接；下和村到上登本主宫殿接令旗
初八至初九	南七场
初十至十一	南村（逢单年）/ 北村（逢双年）
十二至十三	大竹园
十四至十五	水井
十六至十七	尊庄
十八至十九	龙头
二十至二十一	石头村
二十二	送回上登本主宫殿；下和村将令旗送回上登本主宫殿

然而在海南片的接佛安排有一个例外，就是下和村在初六日会与其他乡村一起到上登，迎接代表神明的令旗回到他们的乡村，然后在二十二日，与其他乡村送神像回上登的同一时间，把令旗送回去。[②]下和村参与了海南片的接佛活动，但没有参与轮流迎接神像。地理上，下和村是位于另一个河谷，虽然下和村的参与可以视之为类似单独乡村接佛

① 李洋、李奇彬：《海东镇志》，357 页，昆明，云南民族出版社，2011；张奋兴有另一个接佛日程记录，由于《海东镇志》之记录与田野研究材料吻合，故本文选取前者。参看张奋兴：《大理海东风物志续编》，168—169 页，昆明，云南人民出版社，2008。

② 杨映石：《大理市海东镇白族村考》，25—26 页，昆明，云南人民出版社，2016。

的形态。然而他们选择配合海南片的接佛日子，也让该村成为海南片节庆联盟的一员。

接佛活动让神像在村中停留的时候，是乡民与神明最接近的时刻，乡民相信神像代表神明的神圣力量可以为小区带来平安和运气。简单来说，接佛是一个将神像巡游与庆祝活动合起来的周年节庆。海东的玉龙村、文笔村及上和村便是以这个方式、以自己乡村为单位进行庆祝活动。然而，海东片及海南片的接佛活动，是多个相邻乡村的合作，以接力的方式轮流接佛，透过阖境本主神像，将一个地区的乡村连结起来，形成一个节庆联盟。

（三）游花船

“游花船”是海东沿海地区的跨村落节庆活动，在农历六月二十五日火把节的当天举行。传说是南诏王时期，柏洁夫人逃避大诏王追婚，投洱海自杀，游花船就是要划船到洱海寻找她的遗体。今天游花船活动主要是比赛，又称之为“赛龙船”。①

沿岸村落的传统经济活动是渔业及水上运输，从事渔业的木船，基本上是由两个人操作，体积较小。而从事运输活动的船只的体积比较大，有30米长。在火把节游花船的一天，沿岸的乡村便将这些运输船只，改装成为“花船”，进行海上庆祝活动。

---

① 廖迪生：《中心的边缘：大理洱海渔民与白族地方文化》，见赵敏、廖迪生：《云贵高原的“坝子社会”：历史人类学视野下的西南边疆》，29—55页、47—52页，昆明，云南大学出版社，2015；李洋、李奇彬：《海东镇志》，258—259页，昆明，云南民族出版社，2011。王富指出在传统上挖色沿海亦有游花船活动（王富：《大理挖色鲁川志稿》，238页，大理，大理白族自治州南诏史研究会，2003）。

现在的游花船每三年举行一次，参加的乡村有向阳上节（9社）、向阳中节（8社）、向阳下节（7社）、向阳（6社）、塔村、金梭岛（海岛）、南村及南七场等沿岸村落。在节庆之前，参与的乡村将以前的运输木船，改装成为花船，在船身上绘上彩龙图案，船的中央装置升斗装饰，与火把节仪式大火把上的升斗一样，在甲板上装上座位，在六七十名健儿的划行下，进行比赛。

在20世纪50年代之前，海东的沿岸村落，每年都举行游花船，根据一些老村民的回忆，20世纪50年代之前的游花船并没有系统性的比赛，在游花船的当天，各村的花船都会划到海湾，相互竞逐。相传在清代曾发生争执而导致有人死亡，北村、上节与下和之后便不再参加游花船活动。[①] 到了20世纪80年代，上节恢复参加，北村及下和则改竖大火把，庆祝火把节。乡民也说，今天参加游花船的乡村，在火把节当天晚上便不会举行竖大火把仪式。这些安排显示沿岸乡村以游花船方式庆祝火把节，但亦是游花船将海东沿岸村落凝聚在一起，形成一个海边乡村的节庆联盟。

① 张奋兴：《大理海东风物志续编》，165页，昆明，云南人民出版社，2008。下和村留传的故事是该村船队于1920年参加祭海节龙船赛时，与海西大庄村的船队发生争执，下和村村民将一名大庄村村民打死（参杨映石编：《大理市海东镇白族村考》，27页，昆明，云南人民出版社，2016）。

四、仪式联盟的构建：仪式组织与联盟网络

（一）乡村的基础仪式

地方社会周期性的节庆活动，需要人力物力的支持。地方宗教仪式是节庆的基础元素，而举行宗教仪式则需要仪式专家或有经验的人的领导。在近年的田野研究中发现，海东节庆中的仪式，都是由富有经验的长者领导，而各参与个人及单位，都很自动地配合，并不需要特别的组织安排工作。可见这些节庆活动已经成为小区的习惯，小区成员掌握了仪式的基本流程，自动参与传承。在悠长的历史过程中，节庆得到维持，与地方社会及经济组织融合，产生了自己的特色。

乡村周年仪式活动，主要都是以本主庙作为活动地点，庙宇除了是供奉神明的地方之外，亦是乡村社会的公共空间。所以本主庙除了是乡民寻求神明指引的地方以外，也是老人协会及莲池会活动的地方。顺理成章，老人协会及莲池会也成为看管及维持庙宇的团体，老人协会是改革开放之后的产物，但莲池会在大理则有很长久的历史。两个组织有很明显的性别倾向，老人协会的成员都是退休男士，而莲池会的成员则是老妈妈。可以说，村中上了年纪的老人家，男的是老人协会、而女的是莲池会的成员。这两个会的成员都主动地为村中的仪式提供服务。他们在节庆活动中都有着重要的职责。老人协会的成员领导活动及仪式流程，而诵经仪式的部

份，则是由莲池会负责。乡村的莲池会成为最主要的负责仪式的单位[①]。

然而，在这些节庆仪式活动中，年轻人也有角色扮演，尤其是新婚的男士，他们都会参与接佛抬神轿、火把节时竖大火把、游花船时帮忙划船等工作，这些都是一些需要体力的工作。大家都说这些活动可以为新婚男士带来好运。可以说，每一个乡村都有自己的基础仪式组织。所以在本主节、接佛、火把节、游花船等周年节庆活动，每一个乡村都可以自己解决，这样，每个乡村的仪式活动便可以在自己村民参与支持下顺利进行。[②]

（二）联盟网络的形成

海东地区山丘的分布，形成三个农田灌溉系统，河谷的农田都要依赖来自河谷末端的水源，大家商定“水规”或“水判”，[③]规定灌溉水源的分配时间，立碑为记，置于阖境本主庙内，[④]让大家遵从。阖境本主也便成为

---

① 海东各乡村的莲池会都积极支持地方的宗教仪式活动，参看张奋兴：《大理海东风物志续编》，91—92页，昆明，云南人民出版社，2008。莲池会是大理白族乡村中普遍存在的民间宗教组织，由中老年妇女组成，活动以拜佛诵经为主，她们会帮忙主持村中的祭祖、婚丧、生儿祭祀、祛病除疾及接本主等仪式。见赵玉中：《祖先历史的变奏：大理洱海地区一个村落的身份操演》，179—183页，昆明，云南大学出版社，2014；另参看木薇：《社会性别视角之下的莲池会村落认同研究》，载《民族论坛》，71—75页，2013（11）。

② 这些仪式活动单位都在接佛、本主节及火把节等节庆的时候服务地方社会，还会参与乡民的重要人生礼仪中的仪式活动。

③ 张奋兴：《大理海东风物志》，320—322页，昆明，云南民族出版社，2006；张奋兴：《大理海东风物志续编》，132—133页、251—252页，昆明，云南人民出版社，2008。

④ 参看赵志宏、余丽萍：《大理市水利碑刻概说》，载《大理大学学报》，11—15页，2017，2（5）。

河谷水源的保护神。笔者进行田野调查时，很多村民都强调接佛安排与灌溉水源的分配有很大的关系，指出获得水源分配日数多的乡村，本主神像在村里停留的时间也便比较长，又或可以说，他们用水较多，便得照顾神像多一点时间。

从海东片及海南片的接佛安排来看，与水源有关的神明例如老太箐的金轮圣母及垂裕圣母、上登的老龙王及新龙王，都在接佛的神像行列中，水神是构成跨村神明崇拜网络的元素。然而，海南片的阖境本主囊葱独秀并不是水神；在该区，产生水源的龙神并没有成为阖境本主。相信以囊葱独秀作为阖境本主有一个好处，就是所代表的跨村落关系，可以超越灌溉系统的范围。若以 1983 年恢复的海东片接佛安排为例，新增的金梭岛成员村，是一个海岛，与海东片的灌溉系统没有多少关系，村民的解释是金梭岛的村民以前有田地在塔村范围，需要灌溉用水，所以现在成为接佛的一员。海南片（囊葱独秀）及金梭岛的例子显示，阖境本主接佛的范围，除了是灌溉系统之外，还包涵其他社会经济关系。金梭岛的岛民担当着水路运输的角色，与沿岸乡村在货物运输方面有着密切的关系。

在海东，接佛的安排都在正月，乡村设立“接佛房”安放接来的神像，而这个活动也被称为“门前会”。这好像是说，那是在门前经过的、不是村内的事情。跨村接佛的阖境本主与乡村自己的本主是两位不同的神明，可以理解为两个不同的神仙体系。海东片与海南片都各有一个“下宫殿”作为神像停留的地方，下宫殿与各村的接佛房也组成一个跨村落的神明祭祀系统。

接佛是乡村的大型活动，以海东片为例，接佛队伍要抬着 15 顶轿子，迎接17尊神像。乡民列队参与，接佛队伍的阵容，就好像官员出巡，是民间宗教中流行的王朝官僚体系想象。[①] 乡民将神像接到村内的“接佛房”让大众供奉参拜，乡村亦会举行宴会等庆祝活动。到了既定的日子，邻村的接佛队伍便会到来迎接神像，而本村的乡民亦会送别神像，直至自己乡村的边界。所以在接佛的过程中，神像相继在各乡村停留，最后完成神像的区域巡游，塑造节庆联盟象征。然而从另一个角度来看，维持这个周期性的巡游，要有适当的道路，连接参与的成员乡村。接佛队伍走过的路线，也正好让马帮行走，每年的接佛行程安排，也可以说是为了维持马帮路线畅通。

（三）乡村差异与系统弹性

理论上，每一个乡村都可筹办自己的节庆活动，而一个跨村落的活动，则需要多个乡村参加，才能成事。整个轮流接佛活动是由区内乡村分工合作，按照既定日子迎接阖境本主等一众神像。游花船也一样，每一个参与的乡村都要准备自己的花船，到火把节的一天，大家划船到海湾参加活动。

轮流接佛的特别之处，就是每个参与的乡村，都是由乡村自己负责，以自己的方式及规模来进行。例如神像在乡村内停留两个晚上，乡村可以组织一个三天的活动（包括到邻村接佛的一天及另一乡村前来接佛的一天），但也可以集中在其中的一天举行庆祝活动，可以说是丰俭由人。

海东位于坝子的“中间地带”，乡村之间的人口与资源的差异性比较大，在轮流接佛的安排下，每个乡村按照自身的资源与人手配合，可以有

① Wolf, Arthur P. “Gods, Ghosts, and Ancestors.” In Religion and Ritual in Chinese Society, ed. Arthur P. Wolf, pp.131–82. Stanford: Stanford University Press, 1974.

自己的弹性安排，在配合地方能力的情况下，满足地方的要求。这个安排假设每一乡村都会尽它的责任，在指定的日子接佛，不然，下一个乡村便没有神像可接了。而只要不影响原来成员乡村接佛日子的安排[①]，还可以增加新的成员乡村。游花船的安排都一样，活动的举行都是有赖乡村自己主动准备的花船，到时参加。花船的数目可以有所增减，亦不会太影响庆祝活动的举行。

轮流接佛的安排，让各乡村都有机会迎接神像到自己的地方，获得阖境本主的庇佑。以分工合作的方式完成神像的巡游，避免乡村之间的竞争。以接力的形式来进行，表示每一个乡村都是体系的一部分，大家都有参与的机会。

五、结语：坝子中间社会与节庆联盟

坝子的平地，都是人口聚集和社会经济活动的中心，然而西南高原地带的人口分布形态是小聚居、大分散。从一个坝子到另外一个坝子，要经过陡峭的高山，运输非常困难。传统社会发展了以骡马进行物资运输的方法，马帮的运输网络便将整个云贵高原联系起来。虽然海东地区位于大理坝子的边缘山坡，但处于坝子与山区之间的中间地带，陆地上的马帮运输路线，加上洱海提供的水上运输优势，让海东成为大理坝子的一个主要的交通枢纽。

① 寸云激在鹤庆的正月“接天子”研究中发现，区内的一个乡村被排除在“接天子”活动之外。地方社会给予两个解释，一是该村曾经不按既定日子到邻村接天子，以致资格被取消，二是因为该村人口少，不能应付接天子的活动。参见寸云激：《从接天子谈鹤庆的水利、市场与村落联盟》，见赵敏、廖迪生：《云贵高原的“坝子社会”：历史人类学视野下的西南边疆》，56—72 页、61—62 页，昆明，云南大学出版社，2015。

水上运输将海东与洱海沿岸聚落联系起来，海东的两个古渡码头成为货物的水陆转运点，而行走海东河谷的马帮，则将大理与外面的世界联系起来。

海东是大理坝子东面的一个谷地，河谷低地得到泉水的灌溉而成为农耕的地方，农地灌溉系统的管理也成就了地方社会的组织基础。在传统山区社会，乡村还要面对盗匪的问题。[①] 所以地方社会有安排灌溉、调解纷争及抵抗盗匪的需要。在长期共同生活的环境中、在灌溉系统的基础上，河谷内的乡村渐渐形成一个非形式化的组织，解决共同的问题。一个非形式化的组织需要成员的认同与维持，轮流接佛的节庆活动便成为一个维持谷地乡村之间的关系的周期性活动，凝聚乡民之间及乡村之间的关系，亦是展示地区联盟与团结的一个方式。

在洱海上作业的渔船及运输船只，容易受到恶劣天气或风浪的冲击而翻船，是危险的工作。船只间相互帮助，求急扶危，非常重要。周期性的游花船活动正好让大家联络情谊，在捕鱼及运输生意上合作。游花船的范围，也就是水上运输活跃的地方，活动也同时有宣示经济地域的意义。

正月的接佛活动，将阖境本主及相随的神像轮流接到联盟乡村供奉，这个活动仪式是把整个河谷的乡村，自洱海边上到山谷末端的乡村联系起来，在海东片及海南片形成两个节庆联盟；而在洱海沿岸的游花船，则将沿岸的乡村凝聚成为另一个联盟，参与游花船的乡村是来自海东片及海南片的接佛联盟的成员乡村。游花船活动便巧妙地将两个灌溉体系，马帮及水上运输群体，以及陆上与水上的社会经济体系连接起来，让海东地区形成一个大体上的节庆联盟。

---

① 张奋兴：《大理海东风物志续编》，321页，昆明，云南人民出版社，2008。

凤羽坝子的“家”、本主庙和社会整合

陆玲[①]

亲属关系研究是人类学发展过程中一个很重要的分支，一方面，亲属关系研究能更为直接地呈现出社会关系的不同层次和类别，围绕其所产生权利义务关系是社会秩序存在的基石；另一方面，亲属关系研究与其他社会制度（如经济、政治和宗教）紧密相连，是进行更为细致的社会文化现象辨析的重要概念工具。20 世纪初，福特斯（Meyer Fortes）关于非洲塔伦西人（Tallensi）的研究中所发展的“继嗣理论”将父系继嗣原则上视为社会结构原则的基础，成为非洲地区亲属研究的主导范式，也影响了与非洲地区文化不同的社会的研究。费里德曼（Maurice Freedman）受“继嗣理论”的影响将关注点转移到中国汉人社会，在福建和广东地区对单系亲属组织展开研究，把基于父系继嗣组织起来并建立共同财产发展延续的宗族组织视为中国社会的基本组织，是将村庄与上一级规范联结在一起的基础，“宗族范式”的研究一度成为中国村落研究决定性的范式。然而，在把非洲继嗣理论应用到不同文化社会中时，学者们也渐渐意识到继嗣理论并非是社会普适性的理论，亲属关系并非仅属于自然范畴，亲属观念和实践与社会文化价值密不可分。斯特拉森（Andrew Strathern）在新几内亚的研究立足于当地人的文化观点，发现当地氏族成员资格并非由血缘关系而

① 陆玲，香港科技大学人文学部博士生。

来，是以是否食用祖先土地上的作物来界定的。[①] 卡斯滕（Carsten）认为美国人视物质就像人的身体一样，具有持久而不变的性质，但许多文化区的人所呈现的身体物质，呈现出集中性质，流动性、渗透性以及易变性。往往通过人的实践，如喂养、共居一屋、在土里种植作物等行为过程产生转换。[②] 卡斯滕的研究提醒我们，身体物质在实践中所产生的转变也必然为亲属关系带去流动及转换空间，不能将亲属研究与社会文化实践孤立开来分析。

对中国社会研究而言，考虑到中国不同地域间和不同民族间的文化差异，不应假定“宗族范式”的普适性，否则先入为主的分析结构将掩盖具体情境中的亲属关系的地方意义。正如学者马腾嶽对白族亲属关系研究的反思所说，当很多研究者将白族地区较为普遍的上门婚纳入汉人入赘婚的观点中考量时，将忽略白族地区上门者身份在收养仪式中转换的重要意义，难以发现白族亲属实践与汉人入赘婚有着明显差别。[③] 同样地，在中国西南凤羽坝子中，即便当地亲属观念中有“族”，但“族”的概念和内涵与东南沿海普遍存在的“宗族”并不相同，在日常生活和宗教仪式实践中，当地人不断地选择与排除亲属关系，将核心亲属关系维持在三代范围内，亲属关系存在“一代亲，二代表，三代了”的代际变化。此外，围

① Strathern, Andrew, 1973, Kinship, Descent and Locality: An Africanist View. The Character of Kinship, J. Goody, ed., pp.21–33. Cambridge: Cambridge University Press.

② Carsten, Janet, 2004, After Kinship, pp.28–29, Cambridge: Cambridge University Press.

③ 马腾嶽：《对中国人类学亲属研究的若干反思——兼纪念李亦园院士》，载《思想战线》，2017（4）。

绕着本主信仰仪式，亲属关系的变化在村落的本主庙中呈现在村落面前，“家”的亲属关系象征性地转化为“村”的社会关系，村落的身份认同常借由“拜相同本主就是一家人”的家庭伦理隐喻来表达和彰显。本文将通过对凤羽坝子中的一个白族村落——宝村的田野调查，探讨围绕本主崇拜仪式的亲属实践及亲属关系从“家”到“村”的转化与整合过程，理解亲属关系在地方情境中的意义。

一、实践中的亲属关系与“家”

凤羽坝子位于大理白族自治州洱源县西南部，东部隔天马山与邓川相邻，南部为苍山十九峰最北峰云弄峰，西跨罗坪山与炼铁相接，北距洱源县城 18 千米。坝子中的凤羽河由大涧箐和水长箐、清源洞流出的溪流与罗坪山上由西向东流下的白石江、青石江在凤河汇聚而成，由南向北穿过凤羽坝子注入茈碧湖。历史上，南诏大理国时期设凤羽郡，元代云南行省建立之后改设凤羽县，明初裁撤凤羽县设置凤羽乡，隶属于浪穹县。洪武二十六年（1393），设置了青索鼻、凤羽乡、蒲陀崆、上江嘴和下江嘴五个巡检司。清朝延承明代浪穹县建制，民国元年（1912）浪穹县更名为洱源县，新中国成立之后，凤羽或设区或设公社，都隶属于洱源县。[①]

宝村是凤羽坝子的一个传统古村落，有 539 户居民，共 2155 人，其中，99.9% 的人都是白族。[②] 宝村的村落行政管理与村民农务生活协调都

① 洱源县志编纂委员会:《洱源县志》，30—31 页，昆明，云南人民出版社，1996。

② 数据来自田野收集的宝村常住人口登记信息表。

以“组”为单位，每组有12—13户，每4个组为一个社。村落分为村头、村中和村尾3个部分，称为“营头”“营中”和“营尾”，每个营下有4个社，全村共12个社。村中大部分人姓“张”，村民常用“十个出来九个张”来介绍宝村，此外，还有“杨”“周”“王”几个人数稍多的姓氏。继嗣群体与村落社区之间的关系受到弗里德曼的关注，他发现在广东和福建地区，许多村落只有单个宗族，宗族与村落明显重合。[①] 马丁（Emily Martin Ahern）将宗族与村落的关系分为3类，一类是由单一宗族构成的“单姓村”，宗族内部关系复杂、裂变程度高，各分支利益竞争激烈；一类是由多个宗族构成的“复姓村”，不同宗族之间合作团结共同抵抗外部威胁；一类也是“复姓村”，但较强的宗族与较弱的宗族之间充满了竞争。[②] 这样的分类默认村落是由继嗣群体的扩大或不同继嗣群体的联合发展而来，但在宝村，虽然张姓最多，但“张”姓并不必然构成一个对村落事务拥有决定性话语权的群体，甚至同一姓氏的村民也不认为彼此属于“一家人”，对宝村亲属关系的理解不应被宗族范式下“姓氏”的分析模式所定义和限制。

在凤羽这样的西南边陲，明清的移民所带来的汉文化与地方文化在不同的政治和经济背景中长时间的互动交流，加上地方精英积极推崇儒家正统，强调宗法秩序，推动家谱宗祠的修建，地方上亲属关系的表达和书写

① ［英］莫里斯·弗里德曼：《中国东南的宗族组织》，刘晓春译，61页，上海，上海人民出版社，2002。

② Ahern, Emily M. 1973, The Cult of the Dead in a Chinese Village, pp.250–263, Stanford, Calif.: University Press.

受到儒家正统话语的影响，往往一套“正式定义”掩盖了亲属关系的其他地方情境意义。实际上，正如布尔迪厄所说，人们能够“根据需要将想要团结或疏远的群体划在界限之内或之外”①，在不同的情境下构建出不同的亲属关系。因而在研究亲属关系时，根据当地人的描述勾勒出亲属关系谱系之外，也要关注亲属关系在实践中的意义及其变化。根据村民的描述，宝村范围最大的亲属关系是“族”，“族”指拥有共同祖先的父系亲属群。但“族”的内涵与拥有族谱和祠堂的宗族不同，当地并没有谱系去追溯具体的族内关系，只知道“很多代以前有共同祖先”。一个族曾经共住一个屋子且共享同一块坟地，随着人口的增长，新的家庭产生，共同的土地被划分给新的家庭，新的家庭从老房子分迁出来修建新的住宅，也不再共享有限的坟地，重新购置新的坟地。族的成员与边界都相对模糊，具体的家庭发展谱系并非宝村族的重要内涵，宝村村民很少能够准确描述出族内成员之间的关系，更多地使用“老房子”和“老坟地”来确认族的关系。在这个意义上，族在当地更多地象征着一个家庭的源头，是家庭在村落中的“来处”。族内成员互称“家常父子”（tɕia tʂhaŋ fu tsɿ），是新的家庭关系产生的重要见证者和参与者，例如分家时家常父子要衡量分家是否合理，取名时要一起商量孩子名字是不是犯讳。也正是在这样的实践中，一个家庭的“家常父子”在实践中互相辨认并传到下一代。

与谱系所呈现的亲属关系的固定结构不同，宝村的亲属关系在当地情境中不断被区分为“亲”与“不亲”两大类别，在实践中被重新选择和排

---

① ［法］皮埃尔·布尔迪厄：《实践理论大纲》，高振华、李思宇译，122页，北京，中国人民大学出版社，2017。

除，始终处于动态的代际变化中。这里可以通过一个丧葬的实践来具体理解人们如何用行动选择以及排除亲属关系。村民张S的曾祖父与张F的曾祖父是“堂”的关系，彼时两家人共享一块坟地，后因为张S曾祖父家人丁不如张F家兴旺，被迫重买坟地，不再和张F曾祖父使用同一块坟地。对于张S而言，两家人“很多代以前有同一个祖先”，是一个族，他有义务出席张F的葬礼并参加守孝，因为家常父子是否出席家庭的葬礼影响着家庭在村中的“面子”。然而，当张F于2017年6月24日去世并举办葬礼时，张S并未作为家常父子去参与守孝，他解释因为张F家欺负过自己家，所以两家人“不怎么亲”，不用去守孝，只用挂礼，并选择与其他村民一样只挂20元的礼。张F的儿子在去世后的第一百天要邀请村中关系较“亲”的人到家中参加百日祭，他也并没有邀请张S。双方都在通过实践不断将彼此的关系定义为“不亲”，即便是一个“族”，随着代际更迭，没有实践中的联系和辨认，两家人的关系最终将会被遗忘。可见，模糊的边界给予人们选择和排除“族”的关系的空间。

对宝村人而言，“亲”所代表的是三代内的核心亲属关系，可以被称为“ hau du hou”，意为“家里人”，“ hau”在白语中有“家”“房屋”的意思。在三代核心亲属关系范围内，人们围绕不同的权利与义务组成不同的社会单元，成为有不同意涵的“ hau”。最小的“家”由父母及其未成家的孩子组成，父母与孩子同吃同住，作为经济共同体为其他村民的宴请挂礼，为本主庙维护和年度周期仪式捐钱。当家中孩子结婚成家，原来同吃同住的家庭就要分家，父母将房屋和田地分给家中的儿子和留在家招女婿的女儿。分家之后父母与子女可以继续同住一个屋檐下，但一定不同吃，父母与子女不再是经济共同体，各个新组建的家庭拥有一定的经济独立性，比如在逢年过节的时候都会各自准备祖先的供品，去本主庙里也会以新家庭的名义来捐功德。在保持新家庭的独立性的同时，各个家庭又因为共同的继嗣权和对父母的赡养义务紧密联系在一起，生活中互帮互助，密切往来。分家后亲属关系随着新出生的一代而继续扩大，对于新一代而言，父亲的同胞兄弟姐妹及其子女们与自己属于一个“堂”，也属于家里人的范畴，共享一块坟地，除了日常互相参与家庭的重要事件，涉及修墓事宜时各家各户需要商量维护共同坟地的整体风水。

对于“亲”的关系，人们在实践中注重确认和维系，比如四H参加张F的百日祭宴席会随礼送一只小公鸡，因为对于四H而言，逝者张F是她公公的姐姐，在四H家的核心亲属范围内，是她的“家里人”，正如张S所介绍的，四H与逝者张F“关系在四H这一代是亲的，她就要送小公鸡，我们这一代早就不亲了，所以也不用去吃饭”。亲属关系总在代际的变化中，所以人们日常生活实践中也不断地区分和确认着彼此的亲属关系，以婚礼为例，当村民被邀请去做客时，第一反应先是判断自己与请客主人之间的关系，如果“不亲”就挂20元的基本礼钱，如果“亲”，则会挂50—100元的礼钱，因为对于他们而言，“亲的就多挂一些”，属于“亲”的范畴的亲属义务区别于“不亲”范畴。与之相应的，在请客主人心中也有一幅“亲”或“不亲”的亲属关系图表，对于“亲”的人，请客主人将会在正式宴席开始的前一晚邀请他们到家中吃丰盛的晚饭，会供应牛肉或羊肉，招待标准远远高于第二天正式宴席的标准。亲属关系的代际变化通过日常实践中不断区分“亲”与“不亲”得以实现，村民在日常生活实践中用很多方法来标志和选择“亲”的关系，排除“不亲”的关系，始终将核心亲属关系维持在三代之内，在不同的社会情境中构成不同的社会单元，家与家的再生产处于一个动态过程。

二、本主庙空间中亲属关系的联结和断裂

“本主”是宝村的村神，村中流传的白语《本主曲调》讲述了宝村本主的故事，相传很久以前禄丰的三个兄弟到凤羽为病重的母亲寻药，寻药途中听闻母亲去世的消息悲痛欲绝，于是从罗坪山上跳崖自尽。当地人被三兄弟的孝心所打动，将他们供奉为本主，宝村供奉的是大哥“灵佑邦定高聪皇帝”李文锦，邻近凤村供奉二哥“孝闻圣威定四时惠国佑民景帝”，兴村供奉三弟“孝闻三龙天子显佑皇帝正道大神”。本主庙建在宝村背后的山上，原碑文在“破四旧”时期被毁，具体建造时间已不可考。2000年，8位德高望重的老人组织村里每家每户捐钱修建本主庙。2004年，该本主庙被评为州级文物保护单位，本主庙及其方圆10米都被纳入重点保护范围，强调本主庙建筑作为传统白族建筑的重要文化价值。庙里正殿供奉着本主及其家人，本主的左侧供奉着财神，右侧供奉着魁星，前方供奉着黑白无常，正殿门口左侧供奉着马面和给本主送信的仆人；右侧则供奉着牛头和遇到本主仆人的村民。除此之外，左侧的副殿供奉着仓颉夫子，右侧的副殿供奉着子孙娘娘。正殿前方是个院子，两侧有厨房，是宝村居民来祭拜本主时准备祭品、商量事宜和吃饭的场所。前厅左边供奉着本主的马夫，右边供奉着六畜大王。

在官方宣传中，本主信仰是白族区别于其他民族的独特信仰，是白

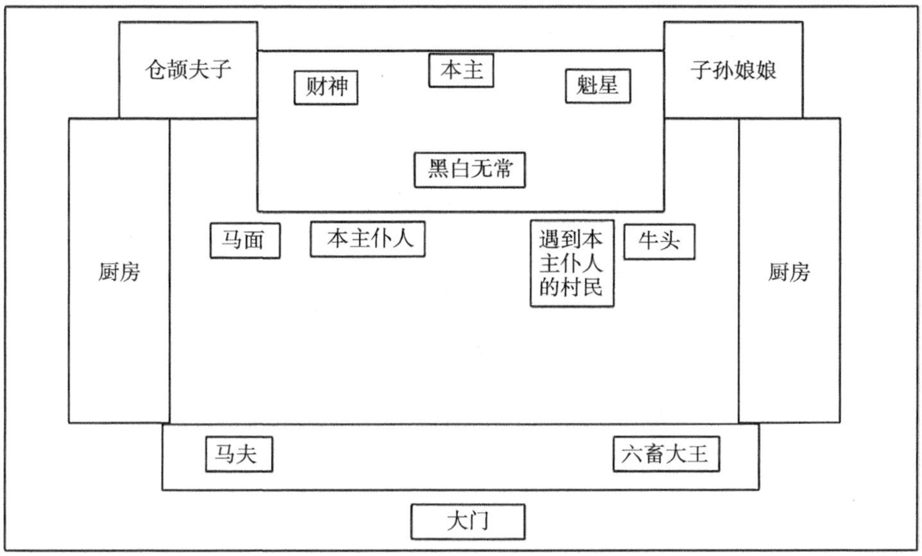

宝村本主庙空间示意图

族传统文化的代表。对于宝村的村民来说，本主更重要的意义则在于其超自然能力能够庇佑村民的家庭也能够保卫村落平安。一个人从出生到死亡都与本主有着不可分割的联系。本主庙的香火一年四季不断，在宝村人民生活中占有重要地位，除了正月间大型的周期性“接本主”仪式，当缔结婚姻、修建新房、迎接新生儿等新的社会关系在家庭产生时，村民都要以经济独立的家庭为主祭单位到本主庙祭拜本主。祭拜本主的仪式分为生祭和熟祭，到达本主庙后，先在本主面前磕头报到，然后家庭开始准备活公鸡、酒、茶水和水果等供品，把从家里带来的香面添加到庙里各个神像面前的香炉里，准备完成以后由主祭的家庭男性抱着公鸡跪在本主面前，其余成员并排跪在他身后一起磕头，之后杀公鸡放鞭炮，完成生祭。生祭结束之后家庭开始在厨房处理公鸡准备接下来的熟祭。熟祭就是用煮熟的公鸡祭拜本主，大致流程与生祭相似，只是主祭家庭在本主面前磕头时有上表的仪式，此时通常是老妈妈会的经长站在主祭人旁上表，向本主介绍今天来祭拜的家庭以及他们的心愿，祈求能够获得本主庇佑。两道主要的祭拜完成之后，主祭家庭招待所有来参与祭拜的亲朋好友一起在本主庙里吃“本主饭”。与家庭在村落中的“请客”不同，“本主饭”不需要任何的挂礼，当地人认为“本主饭”是主祭家庭代替本主请客，所以在本主庙遇到谁都可以邀请来一起吃饭。“替本主请客”的观念反映出家庭里新产生的社会关系并不仅属于家庭本身，也属于本主，属于本主所庇佑的村落。

一个家庭从子女结婚到分家到产生新一代的过程都需要祭拜本主，以获得本主的保佑，我们可以通过婚礼的例子来具体看家庭的亲属关系如何在本主庙这一公共空间通过仪式实践完成联结。在宝村，婚礼过程持续三天，第一天是“小喜”，新郎家和新娘家分别设午宴请关系亲近的亲戚和好朋友来参加，提前接受祝福，新郎家晚上要搭彩棚表演舞蹈；第二天是“正喜”，这一天新郎在拜完新娘家的祖先后迎接新娘回到自己家，两人一起敬拜新郎家的祖先和家常父子；第三天是“回门”，新人双方家庭一起去本主庙祭拜，为新人在本主庙里贴一对喜联祈求本主庇佑，祭拜完成之后新郎家去新娘家吃一顿饭。纵观整个婚礼仪式，在第一天第二天的仪式上，新娘家和新郎家始终互不来往，他们各自分开办客招待亲朋好友，只有第三天从本主庙回来之后，新郎家能够进入新娘家门，两家人可以正式坐在一起吃饭，这象征了两家人已经在本主的见证下完成亲属关系的扩展与联结，这段关系也受到本主的祝福与庇佑。此外，新人双方家庭在本主庙的祭拜仪式也将新组成的家庭呈现在全村面前，在祭拜本主之后，新人会在本主庙贴上诸如“千里姻缘依圣扶，百年伉俪赖帝持”一类的喜联并在结尾写上新郎和新娘的名字，其余来祭拜本主的村民都会知晓新家庭的建立和新郎新娘两个家庭之间的联系，亲属关系的延伸扩张和新产生的家庭也经由本主庙转化为村落的社会关系得到村落社群的承认。

当家庭迎来新的一代，家庭要在新生儿出生一个月之后与家庭的家常父子一起举行取名仪式，正式认可新生儿的成员资格。家庭新生的第一个男孩需要到本主庙举行取名仪式，如果不是家庭第一个男孩，取好名字之后先去本主庙祭拜本主然后回到家中写取名帖。杨 L 是一位 50 岁的妇女，在 1992 年她第一个儿子出生一个月后，她邀请了娘家的“家常父子”和婆家的“家常父子”一起到本主庙祭拜本主并为孩子取名，值得注意的是杨 L 娘家的“家常父子”平时不会去杨 L 婆家，对于两边家庭而言，本主庙是个相对中立的公共空间，所以杨 L 娘家和婆家的“家常父子”能够一起在这里商讨见证新生儿的成员资格。新生儿的名字先由他担任过村中小学校长的曾祖父取好，在本主庙生祭完成之后由父母双方的“家常父子”一起讨论名字是否合适，避免新生儿的名字犯讳到其父母这一辈的兄弟姐妹。确认名字没有犯讳之后，新生儿的曾祖父将名字写在红纸上，附上一首阐释名字意义的诗，标上参与取名仪式的男性及日期，写完红纸之后，开始熟祭仪式。仪式完成之后红纸被杨 L 拿回家贴在家中，新的亲属关系得到了认可，新生儿正式成为家庭成员，也成为村落社区的一员。

在宝村，家庭并不会因为新一代的产生持续扩大，除了亲属关系的联结和扩展，本主庙这一公共空间也是线性亲属关系实现断裂的空间。在亲人去世后的第三天，村民一定要去本主庙祭拜本主，祈求本主接纳亡者的灵魂并协助亡者转世投胎，若祖先未能成功转世投胎将会影响家庭的和谐兴旺。当家庭遭遇不顺，家里的妇女就会去村中找神婆帮忙“看香”了解原因和化解不顺的办法。“看香”是一种通灵仪式，村民从家中带两支香，一袋米去找神婆，神婆就能够点燃香支邀请家庭祖先的灵魂附在自己身上与来看香的村民对话。通常家庭不顺的原因与祖先的转世需求未被满足有关，比如村民张 J 有段时间反复生病，看了很多医生也难查病因，她认为应该是跟自己去世的母亲无法顺利投胎有关，于是她在 2017 年农历七月约着她的大姐和二姐一起去找神婆看香。神婆看香告诉张 J，因为她母亲是服毒自杀而亡，自杀属于“死得不好”，灵魂不被本主接纳，因而一直在地下受苦久久不能“托生”，母亲灵魂在另一个世界的磨难导致了张 J 身体不好。化解的办法是择吉日祭拜本主，祈求本主接受张 J 母亲的灵魂，帮助她转世。祭拜本主的日子选在了农历八月初六，张 J 及其大姐二姐，张 J 丈夫及其三弟和三弟的女儿小妹一起去本主庙在神婆的指导下祭拜。当张 J 母亲的灵魂通过仪式进入本主庙，在本主的接纳下获得转世的机会后，张 J 告诉我自己身体好了很多，家庭也顺利了很多。正因祖先转世与家庭顺利息息相关，在祖先去世后的 3 年内，宝村村民每一年都需要去“看香”，尽量满足祖先需求帮助祖先转世。如果不是非正常死亡，例如在外地遇害或者自杀，祖先 3 年后都能转世，祖先转世之后家庭便无法再通过“看香”与祖先取得联系。

这里的人们相信，祖先的转世对家庭来说是一个重要的转折点，祖先在转世之前是家里人，关系着家庭的兴荣和顺利，家庭需要关注并满足祖先的需求，祖先转世之后，便从家里人转变为陌生人，有些人生前做过很多善事会转世到别的地方当神仙，其他人一般转世为其他地方的人，祖先也将不再紧密关系着家庭的顺利与否，家庭不再讨论转世的祖先的名字和事迹，具体的祖先个体被一般化到更为广泛的“祖先”的概念里，与之相关联的亲属关系也会渐渐被淡忘。祖先去世后祭拜本主祈求本主接纳祖先灵魂进而帮助祖先转世的仪式实践也可以被理解为家庭再生产的终点，祖先的转世为亲属关系的纵向发展带来了断裂，家庭的规模并不会连续持续的扩大，“家里人”的范围始终维持在三代之内，所以村民常会用“接一代忘一代”来形容亲属关系。虽然村民常记不清族内的具体关系，在日常实践中也不断选择和排除一部分族的关系，但这并不意味着族的关系对于家庭不重要。对于家庭而言，族象征着家庭在村落中的来处，是见证家庭发展变化的权威，是家庭与村落之间的纽带。一方面家常父子作为家庭的权威参与家庭的再生产，赋予家庭新的社会关系合法性，另一方面家常父子参与到家庭新社会关系的产生过程代表了有资历长辈对于家庭的支持，是家庭在村中“有面子”的重要条件。经由家常父子所见证的家庭再生产环节最后都要到本主庙祭拜本主，本主是家庭在村落中完成再生产的最终认可权威，家庭产生的新的社会关系也通过在本主庙的仪式实践展演在全村面前，“家”的社会关系被“村”认可，成为“村”的社会关系的一部分。

三、“家”与“村”的仪式整合

除了本主庙，宝村还有两个土地庙在村头和村尾，是村落界限的象征性标识，每当村民离开村落时都会在土地庙点个香磕个头保佑出行顺利；

本主庙旁的佛教寺庙灵鹫寺和营尾的三教庵是村落中老妈妈会的活动场所，每个月的初一和十五老妈妈会在灵鹫寺和三教庵做会；营头的关圣宫属于村中老年协会的活动场所。老妈妈会是主要参与和负责村落周期性宗教仪式的协会，多由村中60岁左右的妇女加入，有几个男性来负责奏乐、写表和安排念诵的经，其中的领导者被称为“经长”。老妈妈会的成员作为他们家庭一分子，入会念经拜神为家庭祈福，同时在参与和组织宗教仪式的过程中扮演着神灵民间代理人的角色。老妈妈会的双重身份串联起了由仪式和庙宇所代表的神圣空间与家庭空间。

不同的庙宇被相应的组织人群赋予特定的意义在村落生活中扮演不同角色，本主庙作为村落社会关系展现的重要公共空间，结合年度周期性的仪式“接本主”，整合着村落内外多个层次的社会关系，强化“信一个本主就是一家人”的共同村落身份认同。宝村和大村信奉同一个本主，“接本主”的仪式在两个村落中展开。农历正月十二的时候，大村会组织村民形成迎神队伍，村中刚结婚或即将结婚的男子身挂红条走在最前面，后面跟着表演的队伍，老妈妈会以及部分村民走在队伍的后面，一行人将本主、本主妻子和他两个弟弟以及本主的孙子和太子爷的雕像迎回村中供奉两天两夜。到正月十三晚上时，宝村营头将组织村民舞龙、念经奏乐到大村迎接本主的牌位先供奉在营头的关圣宫。到了正月十四的早晨，营头的村民穿上新衣将去大村把本主雕像迎接回到宝村。当他们到达大村时，营头的童男要在本主雕像面前舞龙，老妈妈会在旁边念经奏乐，然后刚结婚或即将结婚的男性身挂红条抬起本主和其他神的雕像放到木推车上推到公路边，然后用拖拉机将本主迎回村中。这个过程中只有刚结婚或即将结婚的男性能够抬着本主雕像，村中工作好名声好的人可以和本主同乘一辆车。拖拉机后跟着挂满彩旗的车拉载着本主家人的雕像，一部分村民跟在车后面缓缓行走。

本主雕像进入宝村的时候，没有参加迎神队伍的村民都来到道路两侧迎接本主，一边欢呼一边放鞭炮，将本主雕像迎接到关圣宫供奉。本主雕像在关圣宫中供奉好之后村民在庙前开始娱神表演，包括舞龙及演绎渔樵耕读的情景，表演完之后老妈妈会要念经赞扬本主的孝心。在供奉的两天中，营头的村民要负责为关圣宫中的本主塑像提供香火，祭祀的公鸡以及其他供品，妇女们还要采购食材在关圣宫里做饭招待来关圣宫供奉捐功德的村民，功德超过 60 元就能在本主庙里免费享用营头提供的午餐。迎接本主所需要的物资、香火贡品及食材都由营头的每家每户所捐款项来支持，一般每一个经济独立的家庭捐款的基本数额是 20 元，大多数情况下遇到喜事的家庭和经济状况较好的家庭会多捐，以 2018 年“迎本主”为例，营头总共筹集到 2 万元，筹集到的钱除了用来支持迎神活动，还能有部分盈余，营头的人能够用来一起聚餐一顿。正月十五晚营尾的人将本主牌位接至村尾一个临时小庙中供奉，次日中午将本主及其家人的雕像从关圣宫迎接到临时小庙供奉两天两夜；正月十七营中的人将本主牌位先接到营中的本主行祠供奉，次日依然按照之前的次序将本主雕像迎接到本主行祠供奉，之后要请会看日子的先生选择一个属牛或者属马的日子将本主送回本主庙。

在“接本主”这一仪式中，宝村的每一个家庭都要积极捐功德，准备香火供奉本主；家庭中的老人通过老妈妈会在仪式中参与念经，或作为德高望众者带领迎神队伍；家庭中即将结婚或刚结婚的儿子要去抬本主塑像；家庭中的妇女要在供奉本主的庙中为来祭拜本主及捐功德的人准备食物，不同的家庭和人群都被编织进隆重盛大的游神仪式中。也是经由这一年度周期性仪式，共享村头龙王庙水源的大村和宝村成为一个区别于行政村与自然村的共同体，这一共同体不仅宗教仪式上互相参与支持，农业生产上也互相合作协调分配水资源，两个自然村落的联系与合作被投射到仪式实践中，成为“信一个本主就是一家人”的文化诠释。

四、结论

宝村村民在日常实践与仪式实践中对亲属关系进行选择和排除，将核心亲属关系维持在三代之内，并在三代内依据不同的权利与义务形成不同的“家”的组织单元，亲属关系与家庭组织都处在变动的过程中。宝村的亲属实践向我们揭示亲属关系并非是由生理自然决定的固定不变的关系，也是受地方文化影响的社会关系，因而对亲属关系和亲属概念的理解需要放到具体的地方情境之中结合亲属实践分析。很多白族研究仅根据采访时村民介绍所说的“杨家”或“李家”就自然将村落组织模式等同于按姓氏组织的宗族模式，未加辨析直接运用宗族的亲属概念理解地方社会，遮蔽了亲属关系的地方意义。正如宝村“族”的概念，与依托公共财产和基于父系继嗣、家谱宗祠所发展的谱系亲属群宗族不同，是一个“很多代以前有共同祖先”的模糊概念，族内具体的亲属关系可以通过日常实践选择和排除，也能通过仪式实践被忘记和淡化。族在宝村是家庭村中“来处”的象征，作为家庭再生产的见证者和支持者能够赋予家庭产生的新的社会关系一定的合法性，但这一合法性需要经由祭拜本主的仪式实践才能获得村落的最终认可。因此，理解宝村的亲属关系和村落社会运行机制需要我们看到本主对于家庭再生产的重要意义和本主庙在“家”与“村”之间的协调转换的重要角色。一方面，家庭的组建、扩大、分家都需要家庭到本主庙祭拜，新的社会关系需要得到本主的认可；另一方面，家庭的祖先经由本主庙完成投胎转为家庭的陌生人，为家庭线性亲属关系发展带来断裂，家的规模无法持续扩大，“家里人”的范围始终维持在三代之内。无论是家庭亲属关系的扩展还是断裂，本主庙空间中的仪式实践都将家庭新的社会关系展演在全村面前，这一关系也借由本主权威得到全村的认可，家的社会关系也转化为村的社会关系的一部分，结合周期性的“接本主”仪式，“信一个本主就是一家人”的村落身份认同不断被确认和强调。

后　记

2010年夏，香港科技大学马健雄博士回大理调研，到访大理学院民族文化研究所。是日，正巧我在办公室值班，于是有了关于“坝子社会”研究的第一次交流。坝子是云贵高原普遍的地貌特征，在地理学上专指山间盆地或河谷冲击平原，作为区域内人口较为集中的政治、经济、文化的中心，在云贵高原社会文化的发展进程中具有重要而特殊的意义。山坝相间、高山横亘、河谷纵横是云贵高原带给人们的初始印象，但在历史学、民族学、人类学等研究领域，却少有人将这一地理条件纳入讨论的范畴。因此，当马健雄博士向我提出“坝子社会”研究的问题时，真是既有黄钟大吕的振聋发聩，亦有如遇知音之欢欣鼓舞。其后，我向时任民族文化研究所所长的赵敏教授汇报了交流的内容，经他与廖迪生教授确定，大理大学民族文化研究所与香港科技大学华南研究中心开启了长达10余年的“坝子社会”合作研究。

这项研究，从一开始就得到了香港中文大学科大卫教授主持的AoE计划“中国社会的历史人类学”项目的支持，科大卫教授、郑振满教授、赵世瑜教授、刘志伟教授等前辈均给予了指导和帮助。“坝子社会”研究的问题与方法，是一个持续探索与不断突破的过程，在前行的道路上，要衷心感谢科大卫教授等前辈的鼓励，让我们有了追寻学术理想的信心和勇气。同时，我也非常荣幸能与马健雄、赵敏、黄彩文、罗勇、李学龙、殷群、尹建东、艾菊红等学术挚友以及廖迪生教授、唐立教授两位师长为伴，共同探讨“坝子社会”的问题。“志和者，不以山海为远”，虽供职于不同的高校、生活于不同的城市，但每年的暑期我们都会聚集到一起，在云贵高原进行为期数周的田野调研和学术讨论。这一做法行之有效，一直延续到了现在，可谓是“坝子社会”研究的学术共同体的生命力之所在。

在前言之中，马健雄教授已对“坝子社会”研究的问题与方法进行了阐释。我想补充的是，“坝子社会”的研究虽然是基于云贵高原特殊的地理环境展开的，然而“坝子”却从来不是我们研究的终极目标，但其作为讨论云贵高原历史脉络与社会文化的“开关”，确实引出了山坝关系、交通网络、人群流动、贸易体系、生计方式、礼仪教化、古代卫所州县与土司制度等不同面向的学术问题，从而使得“坝子社会”具有了中国自己的史料体系和话语体系，并有了与施坚雅、斯科特等国外学者的观点进行对话的可能。另一方面，“坝子社会”也不是单一民族的研究，我们总是以全观性的视角去关注云贵高原不同群体之间的离散与整合，关注各民族的交往交流交融，在我们的研究之中，不同的田野实践与不同的历史文献，从来都是为整体性的解释框架服务的。

由于“坝子社会”的团队成员具有不同的研究领域，既有从事历史学、民族学、人类学的方家，也有从事考古学、宗教学、社会学的学者，因此，我们经常进行不同学科领域的对话，采用多学科交叉的方法去讨论、发现“坝子社会”研究的各种问题。我想，这也是“坝子社会”研究一直保持学术活力的一个重要原因。在实际的研究过程中，无论是来自哪个学科领域，我们都强调田野调查的重要性，因为田野调查不仅是获取资料、开展研究的主要手段，更为关键的是，来自现实的经验与民间的智慧总是给我们以学术的新启发。同时，我们也重视对不同类型的文献系统收集和整理。截至目前，有关科仪文书、契约文书、碑刻铭文、族谱家谱的工作均取得成效。在叶胜杰先生的帮助下，《萂村科仪文书》《逢密、师弟登科仪文书》《哀牢山科仪文书》先后出版，总数已逾 20 册，是这方面较有代表性的阶段性成果。

我们一直希望与学界同仁共同分享研究心得，共同推进具有自主知识体系的学术研究。此次汇编出版的是“坝子社会”研究团队近年来的部分学术成果，亦希望求教于国内外方家、学者。衷心感谢在田野中给予我们巨大帮助的朋友们，衷心感谢民族出版社的编辑为本书出版做出的贡献。

寸云激

2024 年 2 月于大理

图书在版编目（CIP）数据

云贵高原的“坝子社会”：历史人类学视野下的地域社会整合 / 寸云激，马健雄主编．— 北京：民族出版社，2024.3

ISBN 978-7-105-17232-0

Ⅰ．①云… Ⅱ．①寸… ②马… Ⅲ．①民族人类学—研究—云南 Ⅳ．① K280.74

中国版本图书馆 CIP 数据核字（2024）第 074193 号

云贵高原的“坝子社会”：历史人类学视野下的
地域社会整合

策划编辑：杨蜀艳
责任编辑：杨蜀艳
封面设计：金　晔
出版发行：民族出版社
地　　址：北京市东城区和平里北街 14 号
邮　　编：100013
电　　话：010-58130098
　　　　　010-64224782（发行部）
网　　址：http://www.mzpub.com
印　　刷：北京中石油彩色印刷有限责任公司
经　　销：各地新华书店
版　　次：2024 年 5 月第 1 版　2024 年 5 月北京第 1 次印刷
开　　本：787 毫米 ×1092 毫米　1/16
字　　数：170 千字
印　　张：13.5
定　　价：68.00 元
书　　号：ISBN 978-7-105-17232-0/K・2951（汉 1692）

该书若有印装质量问题，请与本社发行部联系退换。